WEIMAR Die bedeutendsten Bauten

Annette Seemann

Constantin Beyer

WEIMAR

Die bedeutendsten Bauten

Edition Leipzig

Bibliografische Information Der Deutschen Bibliothek
Die Deutsche Bibliothek verzeichnet diese Publikation in der
deutschen Nationalbibliografie; detaillierte bibliografische Daten
sind im Internet über http://dnb.ddb.de abrufbar.
ISBN 3-361-00596-5

Umschlag: Günter Hennersdorf, Berlin
Layout: Oberberg · Seyde und Partner, Leipzig
Stadtplan: Gudman Design, Weimar
Reproduktionen: Förster & Borries GmbH, Zwickau
Druck und Binden: Grafisches Centrum Cuno GmbH & Co. KG, Calbe
Printed in Germany

Inhalt

»Der Bezug des Menschen zu Orten und durch Orte
zu Räumen beruht im Wohnen.
Das Verhältnis von Mensch und Raum ist nichts
anderes als das wesentlich gedachte Wohnen.«

(Martin Heidegger in »Bauen Wohnen Denken«, 1951)

Vorwort

Im vorliegenden Buch werden die Bauten von Weimar, die für die Kulturgeschichte Deutschlands von herausragender Bedeutung sind, nach architektonischen Epochen geordnet vorgestellt. Dabei ist die Auswahl ebenso repräsentativ wie subjektiv: Die Kulturgeschichte Weimars über die Geschichte seiner Bauten und Parkanlagen zu erzählen, die Bauten durch das Revue-Passieren-Lassen ihrer zum Teil illustren Bewohner zu neuem Leben zu erwecken, ist die Absicht. Der Bogen spannt sich vom Mittelalter bis in die unmittelbare Gegenwart. Das jüngste hier aufgenommene Bauwerk, das Medienzentrum der Bauhaus-Universität, wurde soeben fertig gestellt.

Die Kulturgeschichte Weimars kann in der Tat nicht auf Wieland, Goethe, Herder und Schiller – die klassische Quadriga – beschränkt bleiben, sie hat sich also nicht nur mit den Äußerungen, Lebensumständen und -orten dieser Geister zu befassen, sondern sie muss viele vor der Klassik hier wirkende Menschen und eine noch größere Zahl Nachgeborene – Gäste wie Einheimische – in den Blick nehmen. Wer baute in Weimar für wen, wer baute in welcher Zeit wie und welche Theorien des Bauens standen hinter den Gebäuden, welche davon wurden oder werden in Weimar entwickelt? Dass unter die Bauten auch die Parkanlagen mit aufgenommen werden, ist für jeden, der Weimar kennt, unabweisbar. Bereits im 19. Jahrhundert wurde die Stadt vielfach mit ihren Gärten und Parks identifiziert. Adolf Stahr schrieb, Weimar sei »eigentlich ein Park, in welchem eine Stadt liegt«. Auf Brunnen, Denkmäler und Gedenktafeln wurde weitgehend verzichtet – zu diesen Themen existieren spezielle Publikationen.

Das vorgeschlagene Ordnungsprinzip ist für eine systematische Betrachtung der wichtigen Gebäude Weimars neu und erhellend und vermag auf anschauliche Art kulturgeschichtliche, soziologische, baugeschichtliche und literarische Informationen zu integrieren. Natürlich darf Goethe auch in einem solchen Buch keinesfalls fehlen. Neben seiner dichterischen und wissenschaftlichen Arbeit war er seit seiner Ankunft im Jahr 1775 fortwährend auch mit architektonischen Vorhaben beschäftigt. Mit der Gestaltung seiner privaten Wohnungen, des Gartenhauses im Ilmpark, später des Hauses am Frauenplan, begann er und verlegte sich bald auf die Planung von öffentlichen Gebäuden wie dem Theaterbau und dem Wiederaufbau des Weimarer Residenzschlosses, der ihn über Jahrzehnte beschäftigte. Daneben setzte er sich intensiv mit Architekturtheorie auseinander. Sein bauschöpferisches Tun beschränkte sich nicht auf die Gestaltung der Gebäude allein: Entsprechend seiner universalistischen Auffassung vom Leben war für Goethe die Gestaltung von Innenräumen, die farbliche und materiale Fassung der Wände, die Raumabfolge innerhalb einer Zimmerflucht und die funktionale Möblierung eines Hauses wichtig. Diese Befunde sollen ebenfalls gezeigt und kommentiert werden. Goethes Position in Sachen Bauen und Einrichten soll gewissermaßen als die eines Scharniers verstanden werden. Nahm er doch die zu seiner Zeit verfügbaren Architekturtheorien, beginnend mit Vitruv über Andrea Palladio bis hin zu Sulpiz Boisserée, Clemens Wenzeslaus Coudray und Friedrich Schinkel auf und fügte ihnen Eigenes hinzu. Darüber hinaus stand Goethe zeit seines Lebens in regem persönlichem und brieflichem Austausch mit den genannten Architekten sowie zahlreichen weiteren. Deshalb wirkten seine architektonischen Konzepte von Weimar aus

auf die gesamte deutsche Architekturentwicklung des 19. Jahrhunderts. In Weimar spürt man seine Wirkung bis heute.

Dass Paul Schultze-Naumburg alle Häuser jener Goethe'schen Epoche »um 1800« bereits als zehnjähriger Knabe als »glückliche Häuser« bezeichnete und gegen die Architektur des wilhelminischen Zeitalters, später der Moderne, ein »Neobiedermeier« setzte, wurde von seinem just in Weimar arbeitenden Zeitgenossen Henry van de Velde belächelt. Doch Schultze-Naumburg setzte sich in den zwanziger Jahren durch und wurde Leiter der Bauakademie, während das Bauhaus Weimar verlassen musste. Politische und ästhetische Aspekte gingen eine Fusion ein, womit die dunkelste Phase der an humaner, maßvoller Architektur so reichen Weimarer Stadtlandschaft begann. Auch die von Größenwahnsinn und barbarischer Leidenschaft geprägten nationalsozialistischen Bauten, die Baracken, Tor- und Eingangsbauten Buchenwalds sowie das monumentalistische Weimarer Gauforum sollen in diesem Band gezeigt und besprochen werden, denn, wie Richard Alewyn es griffig formuliert hat: »Zwischen uns und Goethe steht Buchenwald.« Diese Bauten sind sprechende Zeugen der inhumansten Phase deutscher Geschichte, bis heute verbreiten sie ihre Atmosphäre der Einschüchterung und Abschreckung.

Die neueste Architektur in Weimar weiß hingegen wieder deutlich um jenen Geist, der seit der Zeit des Barock für schlichtes, klassisches Bauen plädiert. Sie bemüht sich um Einbeziehung der neuen Bauten sowohl in die Natur wie die Stadt und sucht Korrespondenzen zu den vorhandenen Strukturen. Hier sind natürlich auch die theoretischen und praktischen Bemühungen der sich bewusst Bauhaus-Universität Weimar nennenden Hochschule bedeutsam.

Im Jahr 2005 wurden symbolischerweise gleich zwei spektakuläre Bibliotheksneubauten in Weimar eröffnet – und erstmals in dieser Publikation vorgestellt. Nicht zuletzt wird eine weltweit singuläre Siedlung weitergebaut, die sich sowohl dem Bauhaus verpflichtet fühlt wie dem heutigen »neuen bauen« in Weimar.

Wie Architektur auf den Menschen wirkt, wusste bereits Goethe – Buchenwald wäre für ihn unvorstellbar, inkommensurabel gewesen, während er sich in den Pavillons der modernen Europäischen Jugendbildungs- und Jugendbegegnungsstätte wahrscheinlich wohl gefühlt hätte. Er, der große Freund auch der Kinder, schrieb in einem Brief an den großherzoglichen Freund Carl August vom 20. Juli 1826 über die im Jahr zuvor eingeweihte Bürgerschule Weimars (heute: Musikschule Otmar Gerster) und speziell über die positive Ausstrahlung dieses Gebäudes, das er seit 1821 gemeinsam mit dem von ihm hoch geschätzten Weimarer Baumeister Coudray geplant und betrieben hatte: »Das Gebäude bewirkt schon selbst Cultur, wenn man es von außen ansieht und hineintritt. Die rohsten Kinder, die solche Treppen auf- und abgehen, durch solche Vorräume laufen, in solchen heiteren Sälen Unterricht empfangen, sind schon auf der Stelle aller düstern Dummheit entrückt und sie können einer heiteren Thätigkeit ungehindert entgegengehen.«

Seite 8: »SALVE« mit Zimmerflucht im Goethehaus am Frauenplan

Die Gründung Weimars und
seine ältesten Baubefunde

DIE DREI SIEDLUNGS-
KERNE WEIMARS
Die Anlage einer Wasserburg an der Stelle des heutigen Weimarer Residenzschlosses ging, wie die Historiker plausibel nachgewiesen haben, sicherlich auf fränkische Zeit zurück. Ein Argument hierfür ist die Tatsache, dass die Burgkapelle dem heiligen Martin gewidmet war, bekanntlich der fränkische Nationalheilige, und dass man darüber hinaus entlang der Ilm eine Kette von Kirchen ausmachen konnte, die ebenfalls diesen Heiligen zum Patron hatten. Mithin darf die Ilm als fränkische Reichsgrenze gelten, bevor diese an die Saale verlagert wurde. Im Rückschluss ergibt sich daher als Entstehungszeit der ersten Fluchtburg samt Martinskirche auf Weimarer Gebiet das 8. bis 9. Jahrhundert, die erste urkundliche Erwähnung der Burg erfolgte allerdings erst im 10. Jahrhundert. Siedlungsgründe waren eindeutig die fruchtbaren Lössböden in Ilmnähe. Ein Hemmnis, das auch in den folgenden Zeiten immer die Ausweitung der Stadt verhindert hat, bildete allerdings die Lage fernab der großen Nord-Süd- oder Ost-West-Straßen durch die deutschen Lande. So waren letztlich immer politische Entscheidungen für eine Entwicklung Weimars und sein Wachstum ausschlaggebend.

Das Gebiet insgesamt war nicht sonderlich groß. Im Bereich des heutigen Kegelplatzes befanden sich offenbar die landwirtschaftlichen Nutzbauten der Burg, ihr Fronhof, das Vorwerk und die Wassermühle. Doch ist daneben ein zweiter, sogar noch älterer Siedlungskern auszumachen, der erst Jahrhunderte später mit dem Burgbezirk verschmolz. Dieser Siedlungskern befand sich im Umkreis der heutigen Jakobskirche, also in der für Siedlungen beliebten Hügellage. Die Überlieferung darüber setzte jedoch erst im 12. Jahrhundert ein: Ein adliges Geschlecht »von Weimar« hatte seinen Sitz in einer bewehrten Anlage und patronisierte die Jakobskirche. Später wurde der Name desselben Geschlechts mit »von Gleißberg« angegeben. Dieser zweite Siedlungskern wurde ab 1278 des Öfteren als »Altstadt«, seltener als »Unterweimar« bezeichnet, wenngleich er niemals in die Stadt einbezogen worden ist.

Der dritte Siedlungskern auf weimarischem Grund ist in Oberweimar im Süden der Stadt auszumachen: Gegen 1240 gründeten seit 1167 als Grafen von Orlamünde bezeugte Adlige hier ein Kloster, das offenbar auf einer so genannten Urpfarrei aufbaute, die zum Einflussgebiet des größten Archidiakonatsbezirks Thüringens, Erfurt/St. Marien, gehörte. Man kann davon ausgehen, dass die drei Pfarrsprengel Weimars, der Jakobshügel (Altstadt), Oberweimar und die Stadt (Burgbezirk), ab 1250 festgelegt waren und dass gleichzeitig die Grafen von Orlamünde diese drei Pfarrbezirke auch als Stadtbezirke zusammenlegten. Somit kann das Jahr 1250 auch als Datum der Stadtgründung gelten. Doch ist aus dieser Zeit kein Bauwerk erhalten. Hier hatte der große Stadtbrand von 1424 verheerend gewirkt – sowohl die Burg wie die Stadtkirche und das Rathaus wurden vernichtet.

DIE KIRCHE
VON OBERWEIMAR
Die ältesten Bauwerke der Stadt stammen aus dem 14. und 15. Jahrhundert. Doch kann eine Ausnahme für ein Relikt aus der ehemaligen Klosterkirche in Oberweimar geltend gemacht werden: Die um 1361 vollendete Kirche besaß einen Vorgängerbau, die St. Peter und Paul geweihte Kirche eines wahrscheinlich kurz vor 1244 gegründeten Nonnenklosters. Gründer war höchstwahrscheinlich Graf Hermann aus dem Geschlecht derer von Orlamünde. Das Tympanon über dem Eingang

Links: Kirche in Oberweimar
Rechts: Tympanon

der heutigen Oberweimarer Kirche, deren Turm von einem kleinen Gewässer, dem Papierbach, unterflossen wird, entstammt dem romanischen Vorgängerbau. Sein im Vergleich zu den umgebenden Steinen wesentlich helleres Relief stellt das Jüngste Gericht dar (auch ist es kleiner als der für ein Tympanon ursprünglich vorgesehene Platz). Im Zentrum thront Christus als Richter, sein Kopf wird von zwei Schwertern umrahmt. Zu seiner Rechten kniet Maria, hinter ihr ein Heiliger, zu seiner Linken wahrscheinlich Johannes. Über diesen Figuren schweben Posaunen blasende Engel, die die Toten zum Jüngsten Gericht wecken. An der Basis des Tympanons sind zur Rechten Christi die Erlösten erkennbar, zu seiner Linken die Verdammten. Unter den Füßen des Heilands treibt ein weiterer Engel mit Schwert die Verdammten zur Hölle. Unklar ist die Identität der wurmartig gekrümmten Figur unter Christi Thron – vielleicht der Teufel?

Die Überlieferung von Baumeistern nahm während des 13. Jahrhunderts und in der ersten Hälfte des 14. Jahrhunderts stark zu, vielfach jedoch existierten über den Namen hinaus keinerlei Informationen zu den Personen und ihren spezifischen Leistungen. Für die bescheidene Kirche Oberweimar ist der Name des Baumeisters unbekannt. Die erste Kirche wurde schon ein Jahrhundert später durch einen größeren Bau ersetzt. Die 1361 vollendete einschiffige Kirche, die man heute noch sieht, weist die typischen Merkmale der einfachen gotischen Sakralbaukunst auf: das gotische Portal mit seinen Sandsteinornamenten, die dem Flamboyant-Stil entstammen, den Baldachinen und Fialen, das Mauerwerk aus Bruchsteinen, die nach außen getriebenen insgesamt zwölf

Stützpfeiler an der Süd- und Ostseite (an der Nordseite waren die Klostergebäude direkt angebaut), die Fenster mit einfachem gotischem Kleeblattmaßwerk. Auffällig ist die Länge der Halle, sie verweist auf die Bedeutung der Kirche. Im Inneren kann man den Grabstein des Grafen Friedrich von Orlamünde und seiner Gattin von 1365 betrachten. Der erwähnte Turm mit Fachwerkabschluss allerdings stammt aus dem 16. Jahrhundert. 1525 erfolgte die Auflösung des Klosters. Seitdem fungiert die Klosterkirche als Pfarrkirche. Außer den Klosterspeichern und einigen Mauerresten ist von der ursprünglichen Anlage nichts erhalten.

Die Grafen von Orlamünde waren also die ersten Stadtherren Weimars und so wurde auch ihr Wappen – ein Löwe vor einem von zahlreichen Herzen belegten Hintergrund – zum Weimarer Stadtwappen. Gegen Ende des 14. Jahrhunderts ist es als solches erstmals dokumentiert. Zu dieser Zeit geht man von folgenden Stadtbegrenzungslinien aus: Ilm – Graben – Goetheplatz – Wielandstraße – Theaterplatz – Schillerstraße – Puschkinstraße. Diese spätmittelalterliche Stadt besaß bereits zwei Zentren: Das eine, um die heutige Stadtkirche liegend, ist das ältere; das zweite erstreckte sich um den erst in der zweiten Hälfte des 14. Jahrhunderts angelegten Markt, wo auch ein Vorgängerbau (von 1396) des heutigen Rathauses stand.

DIE BURG

› siehe Seite 18, 31 ff., 70 ff., 85 ff.

Von der Burg lässt sich die Entwicklung Weimars, jedenfalls innerhalb der Stadtmauern, ableiten. Die »Ausgangsburg« Weimar lag, wie das Schloss heute, am linken Ufer der Ilm und war von einem Wassergraben, der Ilmwasser führte, umgeben. Die Anlage als Wasserburg blieb bis ins 18. Jahrhundert erhalten, die Gebäude allerdings wurden im Laufe der Zeit des Öfteren verändert, zum Teil auch deshalb, weil sie immer wieder Bränden zum Opfer fielen. Bereits 1439 konnte der »Neubau« fertig gestellt werden. Aus dieser Zeit stammen die ältesten erhaltenen Bauteile des heutigen Residenzschlosses: Neben einigen Kellergewölben sind dies der Schlossturmschaft und der nach 1803 von den Hofdamen spöttisch »Bastille« genannte, zum Markt gerichtete Eingangsbau des Schlosses, der direkt an den Turm anschließt. Als tatsächlich mittelalterlicher Baubefund ist von diesem in der Renaissancezeit umgebauten Torbau lediglich der schlossseitige innere gotische Spitzbogen in der Durchfahrt zu nennen. Der Schlossturm oder »Hausmannsturm« stammt, jedenfalls bezüglich seiner Fundamentierung, wohl aus dem 11. Jahrhundert. Den Abschluss bildete aber ursprünglich ein gotischer Spitzhelm, der zwischen 1729 und 1732 von Gottfried Krohne durch eine barocke Haube ersetzt wurde.

Die Bastille soll in der Kulturgeschichte ihre besondere »Adelung« durch einen berühmten Inhaftierten, nämlich Johann Sebastian Bach, erhalten haben. Die Nutzung als Gefängnis ist allerdings nicht nachweisbar. Bach, der bereits 1703 als Violinist in der Privatkapelle von Herzog Johann Ernst in Weimar gespielt hatte und dann ab 1708 Hoforganist, Violinist und ab 1714 Konzertmeister war, fand sich nicht damit ab, dass man für die Stelle des Hofkapellmeisters einen anderen Musiker ihm vorgezogen hatte und wollte daher seine Entlassung aus dem höfischen Dienst erwirken. Dieses Ersuchen galt als ungebührlich und wurde mit Arrest bestraft: Vom 6. November bis zum 2. Dezember 1717 saß der Genius der deutschen Musik in Haft. Allerdings hatte man ihm Feder, Tinte und Papier konzediert. So komponierte er in dieser Isolierung die erste Fassung des »Wohltemperierten Klaviers« (nach anderer Auffassung komponierte er das »Orgelbüchlein«).

DIE STADTBEFESTIGUNG

Seite 13: Schlossturmsockel und »Bastille«

Keine mittelalterliche Stadt kam ohne Befestigungsanlagen aus, in der Regel war dies die Stadtmauer. Die Weimarer Stadtbefestigung ging natürlich von der Burg aus, doch der steinerne Gürtel bezog, dies wurde erwähnt, die Jakobsvorstadt nicht mit ein. Er geht auf das 13. Jahrhundert zurück, wurde aber erst im 16. Jahrhundert vollendet. Ursprünglich wies die Stadtbefestigung vier Tore und

Kasseturm und
Bibliotheksturm,
einst Türme
der Stadtmauer

› siehe Seite 91 f.

zehn Türme auf. Von den Toren ist keines erhalten, von den zehn Türmen sind lediglich noch zwei vorhanden: der so genannte Kasseturm am heutigen Goetheplatz und der Bibliotheksturm neben dem Stammgebäude der Herzogin Anna Amalia Bibliothek. Natürlich erfolgte die Umwidmung der Befestigungstürme zum Kasseturm (hier war die fürstliche Landschaftskasse, also eine Finanz-direktion, später ansässig) bzw. zum Bibliotheksturm mit entsprechendem Umbau und Einrichtung durch Goethe erst wesentlich später. Von der ursprünglichen Stadtbefestigung existieren noch eini-ge Mauerreste in unmittelbarer Nachbarschaft zum Kasseturm, der seit 40 Jahren einen Studenten-club der Bauhaus-Universität beherbergt.

Man darf sich den doppelten Mauergürtel der mittelalterlichen Stadt als durchaus ritter-romantisch vorstellen: zwei Mauern in acht bis zehn Metern Entfernung voneinander, entsprechend jeweils ein äußeres und ein inneres Stadttor an vier Stellen. Der Raum zwischen den Mauern, der »Zwinger«,

14

diente in Friedenszeiten als gärtnerische Anlage, in kriegerischen natürlich der Verteidigung. Zahlreiche Wassergräben und Teiche, im Wesentlichen durch Handwerker, Färber und Gerber etwa, aber auch zur Fischzucht genutzt, existierten hier noch bis ins 18. Jahrhundert hinein.

DAS FRANZISKANER-
KLOSTER

Mittelalterlicher Baubefund ist gleichfalls der erhaltene Hauptbau eines ehemals wesentlich weitläufigeren Franziskanerklosters – in diesem Bauteil befand sich die Klosterkirche. Der Rundturm mit den kleinen Fensteröffnungen ist sicherlich in der Grundsubstanz ebenfalls mittelalterlich. Der den Mönchen vorbehaltene Teil des Klosters erstreckte sich nach Norden. Auf dieser Seite (Zeughof) erkennt man noch die Konsolsteine, die als Balkenauflage für das Dach über dem Kreuzgang dienten. Der östliche Gebäudeteil scheint der Renaissance zu entstammen.

Landgraf Wilhelm III., der Tapfere, hatte gemeinsam mit seinem Bruder die wettinischen Landesteile geerbt. Über die Teilung von 1445 war er jedoch mit ihm in Streit geraten — hieraus entwickelte sich der sächsische Bruderkrieg. Im Zuge dieses Konflikts und der Beschränkung auf den thüringischen Landesteil machte der Landgraf Weimar zur bevorzugten Residenz. Da er überdies stark durch die damals umherziehenden franziskanischen Bußprediger angesprochen worden war, ließ er 1453 zwischen der Stadtmauer und der Geleitstraße, in der Nähe des später erbauten Wittumspalais, ein Franziskanerkloster strenger Observanz gründen, dessen Vorsteher zu Lebzeiten des Landgrafen immer sein Beichtvater war. Kulturgeschichtlich bedeutsam ist der Aufenthalt Martin Luthers im Jahr 1518 in diesem Kloster: Er befand sich gerade auf der Reise nach Augsburg, um sich vor dem päpstlichen Legaten Kardinal Caietan zu rechtfertigen. Insofern war die laute Kritik, die ihm von den Franziskanern in Weimar entgegenscholl, gewissermaßen eine Vorbereitung auf die zu bestehende Prüfung in Augsburg. Doch dies war nicht der einzige Besuch Luthers in Weimar, der abwechselnd in der Schlosskirche und der Stadtkirche predigte. Besuche der Stadt sind für die Jahre 1522, 1524, 1525, 1528, 1530, 1534 und 1537 belegt. Der regierende Herzog Johann der Beständige sowie sein Sohn Johann Friedrich der Großmütige waren – anders als ihr franziskanisch gesonnener Vorfahr – überzeugte Wegbereiter der neuen Lehre Luthers. Auch wichtige protestantische Literatur entstand anlässlich solcher Besuche: Die 1522 vor der fürstlichen Familie gehaltene Predigt »Von weltlicher Obrigkeit« veröffentlichte Luther als Druckschrift »Von weltlicher Obrigkeit, wie weit man ihr Gehorsam schuldig sei« 1523 mit einer Widmung an den reformfreudigen Herzog. Leider zeitigte die Rede in der politischen Entwicklung nicht die positiven Veränderungen, die sich Luther von ihr erhofft hatte. Bei weiteren Weimarer Aufenthalten mied er das Franziskanerkloster, vermutet werden Aufenthalte in der Windischen Gasse oder im Lutherhof (Luthergasse). In dem protestantischen Weimar konnte sich natürlich das Franziskanerkloster nicht mehr lange halten – die Mönche verließen ihre Heimstätte 1533, die Klostergebäude wurden »umfunktioniert«: der Kreuzgang als Schafstall, die Kirche und das Dormitorium als Schüttboden für Korn (daher die Bezeichnung Kornhaus). Heute benutzt die Musikhochschule »Franz Liszt« den Bau für Übe-, Lehr- und Aufführungszwecke.

»SÄCHSISCHER HOF«

Nicht weit von diesem Kloster entfernt, an der Einmündung von Eisfeld und Rittergasse auf den Herderplatz, findet sich ein weiteres Gebäude mit mittelalterlicher Bausubstanz, der »Sächsische Hof«. Er steht in engem Zusammenhang mit der Anwesenheit des Deutschen Ordens auf Weimarer Grund, welche auf die bereits erwähnten Grafen von Orlamünde zurückgeht: Am 16. September 1284 hatte der Stadtherr und Graf von Orlamünde dem Deutschritterorden das »Pfarrrecht der Pfarrkirche in unserer Stadt« übergeben, es verblieb beim Orden bis zur Reformation. Auch der 1429 erstmals erwähnte »Sächsische Hof« gehörte zum Eigentum des Deutschritterordens. Er war

Franziskanerkloster, heute
von der Musikhochschule
»Franz Liszt« genutzt

ehemals eine befestigte Ritterburg und wurde 1429 den Grafen von Schwarzburg verkauft, sodass sich der Name »Schwarzburger Hof« einbürgerte. Ab 1809 öffnete der herzogliche Koch François-René Le Goullon hier eine Gaststätte mit dem Namen »Hôtel de Saxe«, welcher dann ab 1870 in »Sächsischer Hof« eingedeutscht wurde. Die Familie des Kammerpräsidenten Carl Alexander von Kalb auf Kalbsrieth wohnte in dem Haus, als Goethe 1775 in Weimar eintraf. Auch er verbrachte hier die ersten vier Monate seines Weimarer Daseins. Der Gastgeber, von Goethe als »Curius« bezeichnet, war Präsident der fürstlichen Finanzbehörde und führte den Titel »Geheimer Rat und Exzellenz«. Heute ist an dem Gebäude gleichwohl wenig Mittelalterliches auszumachen, denn der zum Herderplatz weisende Giebel ist ein Renaissancezusatz aus dem 16. Jahrhundert, der rückwärtige Teil ein Neubau aus den 1950er-Jahren – das Gebäude war im Zweiten Weltkrieg zerstört worden. Schon drei Tage nach der Ankunft des jungen Goethe (7. November 1775) schrieb der Präsident von Kalb an Goethes Eltern in Frankfurt und die Prophetie des knappen Schreibens verblüfft: »Denken Sie sich ihn als den vertrautesten Freund unseres lieben Herzogs, ohn welchen er keinen Tag existieren kann, von allen braven Jungen bis zur Schwärmerei geliebt, und Sie werden sich immer noch zu wenig denken.« Und bereits am 19. Januar, also immer noch aus dem »Sächsischen Hof«, heißt es aus Goethes Feder mit der damals seinen Stil kennzeichnenden Grobianik: »Ich bin nun ganz in alle Hof- und politische Händel verwickelt und werde fast nicht wieder weg können. Meine Lage ist vorteilhaft genug, und die Herzogtümer Weimar und Eisenach immer ein Schauplatz, um zu versuchen, wie einem die Weltrolle zu Gesichte stünde. Ich übereile mich drum nicht, und Freiheit und Genüge werden die Hauptkonditionen der neuen Einrichtung sein, ob ich gleich mehr als jemals am Platz bin, das durchaus Scheißige dieser zeitlichen Herrlichkeit zu erkennen.«

Im Zentrum des Herderplatzes befindet sich die Stadtkirche St. Peter und Paul. Sie wird seit 1850, als mit dem Herder-Denkmal der Platz seinen Namen erhielt, auch »Herderkirche« genannt. Der erste Bau reicht in die Zeit der Stadtgründung zurück und ist für 1253 urkundlich belegt. Ab 1284 waren die erwähnten Deutschritter hier maßgebliche Prediger, Graf Otto von Orlamünde hatte ihnen das Patronat übergeben. Etwa 100 Jahre später, 1372, fiel Weimar – der letzte Orlamünder Graf war gestorben – an die Wettiner, die seitdem hier die Herrschaft ausübten. Seit der Mitte des 15. Jahrhunderts kann man von einem die Kirche umgebenden Friedhof ausgehen, der allerdings 1530 wieder geschlossen wurde. Ab 1525 wurde im Übrigen die protestantische Religion von der Kanzel aus verkündet, der erste protestantische Pfarrer, empfohlen von Luther und Melanchthon, war Johann Grau.

Von dem mittelalterlichen Kirchenbau sind aufgrund der Stadtbrände von 1299 und 1424 lediglich Rudimente vorhanden, und zwar im Turmunterteil. Die Bauzeit (1498–1500) ist übrigens durch eine Tafel an der Choraußenseite belegt.

Stadtkirche St. Peter und Paul, Stein aus der Erbauungszeit im Chorbereich

STADTKIRCHE
ST. PETER UND PAUL
› siehe Seite 20 ff., 50 f.

Die Entdeckung der Individualität – Renaissancebauten

Erstmals in der Geschichte der Baukunst wurden in der Renaissancezeit die bedeutenden Kulturleistungen wie Literatur, Malerei, Musik und Architektur sowohl vom Adel wie vom wirtschaftlich und sozial erstarkten Bürgertum in gleichem Maße getragen. Die Kirche war in dieser Epoche starker Kritik unterworfen und trat, jedenfalls im Vergleich zum Mittelalter, als Auftraggeber deutlich in den Hintergrund. Da das Entdeckertum und die Lust der wohlhabenden Schichten, sich auf Reisen zu bilden, gleichfalls zunahm, kam es auch innerhalb Europas zu einem intensiven Austausch von Kulturtechniken. Entsprechend erfuhr das nördliche Europa auch von dem in Italien ab 1400 entwickelten neuen Stil, der erst im 19. Jahrhundert den Namen »Renaissance« erhalten sollte. Die Umsetzung der italienischen Vorbilder erfolgte allerdings mit großen Verzögerungen – hier wirkten insbesondere die zahlreichen religiös, politisch und wirtschaftlich bedingten Kriege und Streitigkeiten im Umfeld von Reformation und Bauernkriegen hemmend.

Nördlich der Alpen finden sich die frühesten Beispiele von Renaissancearchitektur ab 1510. Hier spielte der Einfluss Albrecht Dürers, der selbst zwei Italienreisen unternommen hatte, eine wichtige Rolle. Bedeutende Bauten entstanden in Flandern, Krakau, Heilbronn, Regensburg, Chambord, Blois, Spittal, Landshut und Innsbruck. Die Letztgenannten führen uns bereits in die dreißiger und vierziger Jahre des 16. Jahrhunderts. Auch das damals im Bau befindliche Schloss Hartenfels in Torgau (Sachsen) wurde ab 1532 von einem Baumeister betreut, der sich in seiner Karriere vom spätgotischen zum Renaissancebaumeister wandelte: Der dort angebaute Wendelstein, der sich über einem Altan mit doppelter Freitreppe als Skelettbau erhebt, gebildet aus acht Pfeilern und dazwischen gespannten Treppenläufen, ist ein Werk des begabten sächsischen Baumeisters Conrad Krebs (1492–1540).

In dieser Phase der Frührenaissance wurden die spätgotischen Grundstrukturen oft mit Renaissanceformen gemischt. Die Baumeister bedeutender öffentlicher Bauten ließen sich jetzt zumeist identifizieren, denn die architektonische Formensprache wurde immer individueller.

DAS SCHLOSS

› siehe Seite 11 f., 31 ff., 70 ff., 85 ff.,

In der kleinen thüringischen Residenz, die zwar nicht mit Monumentalbauten aufwarten konnte, sich aber dennoch über äußerst gebildete Architekten der neuen Richtung anschloss, war es natürlich wieder der Hof, der neue Bauten zuerst anregte und ausführen ließ – die Bürger zogen mit einigem zeitlichen Abstand nach. Im Übrigen wuchs Weimar zwischen 1542 und dem Jahrhundertende erheblich: Von 2200 steigerte sich die Einwohnerzahl auf 3500, was eindeutig politisch motiviert war. Nicht nur das erwähnte Torgau, sondern auch Coburg und Weimar gehörten seit 1531 zu den Hauptresidenzen der sächsischen Kurfürsten und zogen Menschen an. Entsprechend begannen die Umbaumaßnahmen am Schloss ab 1535. Zu dieser Zeit hatte wahrscheinlich noch Conrad Krebs die Bauleitung inne. Sein Schüler und Nachfolger Nicol Gromann wurde jedoch mehr und mehr eingebunden, erwähnt ist er ab 1537, als er mit dem Ausbau der Osterburg zu Weida in Thüringen betraut war. Auch in Torgau war er eingesetzt gewesen und hatte hier 1543/44 die erste protestantische Kirche überhaupt gebaut, die Schlosskapelle, die – wen wundert es – 1544 von Martin Luther geweiht worden war. Gromann wurde im gleichen Jahr auf Lebens-

Seite 19: Residenzschloss, Ansicht von Süden

Portal der »Bastille«

DAS GRÜNE SCHLÖSSCHEN

› siehe Seite 36 f., 78 f.,
91 ff., 155

› siehe Seite 60f., 67

DIE STADTKIRCHE
ST. PETER UND PAUL

› siehe Seite 17, 50 f.

Seite 21: Stadtkirche St. Peter
und Paul, Innenansicht mit
dem Cranachaltar

zeit zum sächsischen Hofbaumeister ernannt und zählt neben Conrad Krebs zu der kleinen Gruppe der bedeutenden Baumeister der Renaissancezeit nördlich der Alpen.

Der Schlossumbau – es ist ein signifikantes Faktum, dass es sich hier wie auch in späteren Epochen fast nie um Abriss handelte, sondern um Ergänzung und Umbau (die Residenz verfügte nur über geringe Mittel für Bauaufgaben) – umfasste unter anderem die Einrichtung eines repräsentativen Treppenhauses mit Namen »Wendelstein« an der Hofseite des Ostflügels. Vorbild war natürlich Torgau. Ein polygonaler Turm ruht auch hier auf einem viereckigen Unterbau und wird über eine Außentreppe erschlossen. Über die Anmutung der Anlage gibt ein etwa 1618 nach dem Schlossbrand entstandenes Gemälde Auskunft sowie eine Zeichnung von Wilhelm Richter von 1652, die auf eine frühere Vorlage zurückgeht. Um 1540 baute Gromann auch den Torbau des »Hausmannsturms«, die erwähnte Bastille, im Stil der Renaissance um – von diesem Umbau erhalten ist das prächtig verzierte Renaissanceportal (1545 bzw. 1547). Dieses Portal aus heimischem Sandstein ist sicherlich das am reichsten gestaltete Renaissanceportal in Weimar überhaupt. Zu vermuten ist, dass es nie farbig gefasst war – daher treten die Feinheiten nur bei genauem Betrachten hervor: Das Gewände des Tors ist mit floralen kassettenförmigen Ornamenten gesäumt, mittig im Bogen sind die beiden gekreuzten Kurfürstenschwerter erkennbar. Die Bekrönung des Portals zeigt zwei Säulen sowie links und rechts das Feld nach oben erweiternde adlige Krieger. In den Zwickeln erkennt man links eine Mutter mit Kind, die aus floralen Ranken hervorgeht, rechts den in Weimar vielfach gesehenen Delphin. Des Weiteren stattete Gromann die Schlosskirche wie die Wohngebäude mit den typischen Renaissancegiebelaufbauten aus (beides nicht mehr erhalten). Der Verlust Wittenbergs führte 1547 bzw. 1552 zur Aufwertung Weimars als ständiger Residenz, wodurch sich weitere Baumaßnahmen erklären lassen.

Der Nachfolger Johann Friedrichs, Johann Friedrich der Mittlere, ließ 1561 den Südteil des Schlosses zwischen Kirche und Bastille erneuern, ein Jahr später betraute Johann Wilhelm, der Sohn Johann Friedrichs, vermutlich wieder Nicol Gromann mit der Errichtung eines dreigeschossigen Schlösschens, das mit seinen Außenfresken sowie dem im Westen angeschlossenen Lustgarten zur damaligen Zeit zu den Hauptwerken der Renaissancebaukunst gehörte. Der Lustgarten, von einer Mauer umgeben, barg in sich eine Art Turm mit angebautem Brunnen. Dieser Garten und der jenseits der Ilm gelegene Baumgarten (beide nicht mehr erhalten) waren im Übrigen die bescheidenen Anfänge, aus denen später die berühmten weitläufigen Weimarer Parkanlagen entstanden.

Auch von Gromanns Werk ist seit dem unter Anna Amalia erfolgten Umbau des »Grünen« oder »Französischen« Schlösschens zur Bibliothek über den Erdgeschossbereich hinaus nichts mehr erkennbar. Nur das Gewölbe, die Schlusssteine sowie die Fenstergewände und -gitter sind als eindeutig der Renaissance entstammende Bauelemente zu nennen. Die Übrigen gehören dem Barock bzw. späteren Zeiten an.

Der Kirchenbau, den wir heute betreten, geht – die Rekonstruktion nach dem Zweiten Weltkrieg ausgenommen – auf die Jahre 1498 bis 1500 zurück. Der Bau wurde damals in Form einer spätgotischen dreischiffigen Hallenkirche mit polygonal geschlossenem Chor errichtet. Man baute diese größer als die Ausgangskirche. Grund für das große Intervall zwischen dem Brand von 1442 und der Wiederrichtung war sicherlich die große Armut Weimars in dieser Zeit.

Das künstlerische Hauptwerk in der Kirche und gleichzeitig ein Zeugnis für den ausgeprägten Protestantismus der Fürstenfamilie im 16. Jahrhundert ist der Cranachaltar: Mit dem von Lucas Cranach d. Ä. 1552 begonnenen und nach seinem Tode von seinem Sohn 1555 beendeten Altarbild

begibt man sich in die Zeit des malerischen Manierismus. Das Jahr der Auftragserteilung, 1552, war von großer Bedeutung für die Weimarer Geschichte: Kaiser Karl V. hatte Kurfürst Johann Friedrich den Großmütigen im Schmalkaldischen Krieg 1547 gefangen genommen, ihm die Kurwürde aberkannt und diese mit zahlreichen Ländereien an die Albertiner gegeben. Als Johann Friedrich nach fünf Jahren der Gefangenschaft 1552 in Weimar einzog, im Gefolge seinen Hofmaler Lucas Cranach, der auf Wunsch des Souveräns mit ihm die Gefangenschaft erlitten hatte, galt er als protestantischer Märtyrer – Luther war bereits seit sieben Jahren tot und die Gegenreformation auf den Plan getreten. Zwar erlebte der Fürst die Fertigstellung des Bildes nicht mehr – und auch Lucas Cranach d. Ä. selbst nicht –, doch hatte er mit Sicherheit den Bildinhalt, der stark von seiner religiösen Auffassung geprägt ist, mitbestimmt. Eine Voraussetzung für das Bild war sowohl die Beziehung Cranachs zu seinem Fürsten Johann Friedrich wie zu Martin Luther, die auf das Jahr 1520 zurückgeht und sich rasch intensiviert hatte. In den Seitenflügeln des Altars erscheinen links die Stifter, Johann Friedrich von Sachsen und seine Gemahlin, und rechts ihre drei Söhne, dahinter die Taufe und die Himmelfahrt. Im Mittelteil des Dreiflügelaltars wird – und dies ist an sich nichts Ungewöhnliches – die Kreuzigung geschildert. Die Art jedoch, in der dies erfolgt – einerseits durch Einbindung von verschiedensten Nebenszenen und andererseits durch Ausschluss des traditionellen Bildnebenprogramms einer Kreuzigung (Maria und Johannes, Maria Magdalena, die Kriegsknechte, die um den Rock des Heilands würfeln, Kirche und Synagoge) –, ist äußerst unkonventionell. Die Aufhebung der Chronologie macht es möglich, dass Lucas Cranach d. Ä. und – als weitaus hervorstechendste Figur, was nicht zuletzt dem schwarzen Kostüm zu verdanken ist – Martin Luther gemeinsam neben Johannes dem Täufer Zeugen der Kreuzigung des Herrn sind, während zur Linken des Kruzifixes der Auferstandene bereits den Tod in Form eines Skeletts sowie ein Monstrum, das den Teufel symbolisieren soll, mit einer langen Lanze niederwirft. Mit anderen Worten, in diesem Bild ist der Bericht der Kreuzigung gekoppelt an den von der Auferstehung sowie an den in diesem Fall siegreichen (!) Kampf gegen Tod und Teufel. Im Hintergrund erkennt man eine Landschaft mit Szenen aus dem Alten und Neuen Testament. Bedeutsam ist auch der Strahl des Blutes aus der Seitenwunde des Heilands, der Lucas Cranach am Haupt trifft (wahrscheinlich wie das Cranachporträt eine Zutat das Sohnes nach dem Tode des Vaters zum Zeichen der Verbundenheit Cranachs mit dem Erlöser) und ebenso die Bibel, die Martin Luther dem Bildbetrachter aufgeschlagen entgegenhält und deren Schrift man sogar lesen kann. Drei Stellen aus dem Neuen Testament machen deutlich, wie die Maler Luthers Lehre ins Bild setzten, indem sie Sündenfall und Erlösung, die zentralen Themen der christlichen Religion, in Luthers Sinne interpretierten. Luther, das wird deutlich, ist der Deuter des Bildgeschehens, auch der nicht unwichtigen Nebenszenen. Das Deutungspotential liegt im Vergleich und der Summierung der Einzelszenen, die zum Teil Gegensätze darstellen: Sündenfall und Kreuzigung, Jüngstes Gericht und Menschwerdung des Heilands. Das Altarbild möchte den Betrachter zum Nachdenken anregen und ihn von der lutherischen Lehre anhand der vielen Beispiele überzeugen. Dies geschieht auch durch seinen überlegten Aufbau, wobei der Blick des Betrachters von den größten, bedeutendsten Figuren zu denen im Mittel- und Hintergrund gelenkt wird – ein solcher Aufbau kennzeichnet zahlreiche Werke des Manierismus.

DAS ROTE SCHLOSS
› *siehe Seite 91, 153*

Das Rote Schloss (der heutige schlammfarbene Anstrich wurde nach dem Befund rekonstruiert – die Herkunft des Namens ist unklar) wurde von 1574 bis 1576 als Wohnsitz der Witwe Herzog Johann Wilhelms, Dorothea Susanna, östlich hinter dem Markt errichtet. Die sich dort befindenden Bürgerhäuser mussten vorher niedergelegt werden. Mit drei schönen Renaissancestufengiebeln

Rotes Schloss von Westen

und einem reich verzierten Bogenportal, das mittig zur Giebelfront eingebracht wurde, weist die Schauseite des dreigeschossigen Gebäudes mit Mansarddach zum Markt – den nach Norden in der Kollegiengasse weiterführenden einfachen Bauteil sieht man, vom Markt kommend, zunächst nicht. Die Fensteranordnung ist, wie in der Epoche üblich, nicht symmetrisch. Über der Attika des Portals ist eine dreieckige Kartusche zu sehen, in der Mitte sind die herzoglichen Wappen angebracht, sie werden umrahmt von Girlanden, Früchten und Genien. In dem den Giebel bekrönenden Feld hingegen erblickt man den Kopf eines erwachsenen Mannes – vielleicht hat sich hier Nicol Gromann, der Baumeister, verewigt?

Nach dem Schlossbrand von 1618 diente das Rote Schloss vorübergehend als herzogliche Residenz. Seit Februar 2005 befindet sich hier der stadtseitige Eingang zum neuen Studienzentrum der Herzogin Anna Amalia Bibliothek. Geht man durch das Tor, so kann man im Innenhof den Renaissancetreppenturm bewundern – im Innern befindet sich eine Wendeltreppe. Zur Zeit der Errichtung des Roten Schlosses gab es eine weitere Besonderheit: auf hölzernen Stützen ruhende überdachte Gänge, die einerseits zum Residenzschloss führten, andererseits zum Grünen Schloss, sodass der Hof ohne Rücksicht auf Jahreszeiten und Witterungsbedingungen jederzeit miteinander in Verbindung treten konnte, ohne Wagen oder Sänften zu benutzen. Zum heutigen Platz der Demokratie hin waren dem Roten Schloss verschiedene Gebäudeteile vorgelagert, die jedoch 1808 abgerissen wurden.

› siehe Seite 91, 153

Bereits 1524 war an die Bürger der Stadt der fürstliche Befehl ergangen, an der nordöstlichen Ecke des Marktes ein öffentliches Kaufhaus mit Schankkeller zu errichten. Die Verkaufsstellen im Inneren wurden ab 1529 vermietet, obgleich der 1526 begonnene Bau erst 1547 vollendet war. Was lange währt, wird gut, dachte man hier offensichtlich – das teure Grundstück hatten die Weimarer Bürger nämlich bereits 100 Jahre zuvor erhalten. Bei den Renaissancehäusern am Markt ist besonders die epochentypische Aufstellung der Gebäude mit der Traufseite parallel zur Straßenfront gut erkennbar. Dies unterscheidet sie von den mittelalterlichen Gebäuden mit ihrer seitlichen Giebel-

**RENAISSANCEBÜRGER-
HÄUSER AM MARKTPLATZ**

stellung. Auch die Anordnung der Fensteröffnungen folgte in der Renaissance typischen Schemata und weder der Symmetrie noch der reinen Willkür: So finden wir die Verhältnisse 1:2, 1:3, 2:3 usw. Ursprünglich krönte eine Uhr mit Schlagwerk als Blickfang das Dach des Stadthauses. Das rundbogige Portal und die Fensteranordnung im ersten Obergeschoss sind Rekonstruktionen – das Gebäude fiel den Bomben des Zweiten Weltkrieges zum Opfer wie übrigens auch die Häuser der Marktnordseite. Der Stufengiebel weist in der Rekonstruktion spätgotische Elemente auf – diese Vermischung der Stile ist im nordalpinen Raum typisch.

› siehe Seite 79

Das Stadthaus diente zunächst auch als Rathaus, denn es dauerte an der gegenüberliegenden Seite des Marktes noch bis 1583, ehe der eigentliche Rathausbau fertig gestellt war. Bis zum Zweiten Weltkrieg waren Stadthaus und Rathaus durch einen unterirdischen Gang verbunden. Doch nicht nur die Bürgerschaft als solche, auch einzelne Bürger hegten jetzt den Wunsch, sich Häuser im Stil der »Wiedergeburt« bauen zu lassen, und hier dachten die wohlhabenden Bauherren natürlich wieder an den Hofbaumeister Nicol Gromann als Architekten. Dieser baute in der gesamten sächsisch-thüringischen Region. Als sein Meisterwerk gilt das Rathaus zu Altenburg (erbaut 1562 bis 1564). In Weimar leitete er im bürgerlichen Sektor unter anderem den Bau des die östliche Marktseite beherrschenden Cranachhauses. Dr. Christian Brück, Kanzler des Herzogs, sowie sein Sekretär Antonius Pestel hatten 1549 die »eingeworfene Baustatt am Margkte« neben dem neuen Rathaus erworben und errichteten dort mit Gromanns Hilfe zwei repräsentative Wohnhäuser, im allgemeinen Sprachgebrauch Cranachhäuser genannt. Jedoch nur der direkt neben dem Stadthaus gelegene Bau diente Lucas Cranach d. Ä., dessen Tochter mit dem Kanzler Brück verheiratet war, als Wohnhaus in seinem letzten Lebensjahr, in dem er das Altargemälde der Stadtkirche konzipierte. Die beiden Gebäude sind dreigeschossig, Pilaster und Lisenen gliedern den unteren Teil, ein geschweifter Giebel mit halbrundem Abschluss vollendet sie nach oben. Die beiden äußeren Bogenöffnungen wurden im 19. Jahrhundert entsprechend den beiden mittleren Eingängen als Schaufenster gebildet. Charakteristisch für die Weimarer Renaissance sind die Sitzsteine zu beiden Seiten der inneren Toreinfahrt. Manchmal findet man sie auch in Außenportalsituationen. Die skulpturalen Ornamente sind, was typisch für die Ornamentalkunst der Renaissance ist, voller phantastischer Motive: So wachsen florale Ranken aus den Delphinkörpern des Pestel'schen Hauses heraus und menschliche Figuren mit Helm, vergleichbar den schützenden Laren, sind bei Brücks Haus erkennbar. (Dass Johann Wolfgang Goethe über seine Mutter, eine geborene Textor, wiederum mit Lucas Cranach verwandt war, ahnte der Dichter übrigens keineswegs, als er 1775 nach Weimar kam. Dies brachte erst die Goethe-Forschung der letzten Jahrzehnte zutage.)

Ebenfalls als ein Fund des 20. Jahrhunderts anlässlich einer Renovierung im Jahre 1926 muss ein weiteres prachtvolles Renaissancerundbogenportal gelten, das des »Schwarzen Bären«, des ältesten Gasthauses in Weimar (zuerst erwähnt 1540). Er ist mit der Adresse Markt 20 Nachbar des berühmten »Elephanten«. 1877 war der Renaissancebau aufgestockt worden und ab sofort nicht mehr recht

› siehe Seite 131

als solcher erkennbar. Das Zeichen der Gaststätte, der schwarze Bär, trägt den Spruch »Das Haus steht in Gottes Handt, Zum schwartzen Beren ist es genant« sowie die Anfangsbuchstaben V.D.M.I.AE. – verbum domini manet in aeternum (Das Wort des Herrn bleibt in Ewigkeit) – dies ist der Wahlspruch der Ernestiner.

Wenige Schritte über den Marktplatz auf dessen Nordseite findet sich ein weiteres Renaissancegebäude: die Hofapotheke. Auch sie war im Krieg beschädigt und später abgebrochen worden. Man hatte jedoch das Portal sowie den Erker bergen können und diese Gebäudeteile bei der 1988/89

erfolgten Rekonstruktion wieder verwendet. Das Haus hatte sich der Weimarer Bürgermeister Jakob Schröter im Jahr 1560 errichten lassen. Seine Gattin war Barbara Brück, eine Enkelin Lucas Cranachs d. Ä. Auch hier finden sich die erwähnten Sitzsteine und das mit Ranken- und Groteskenmuster reich verzierte Portal. Ein als Trägerfigur gestalteter Kragstein ist dem Erker untergebaut. Zwei Engel tragen eine Tafel mit Schrift, allegorische Figuren sind auf den Seitenbrüstungen erkennbar. Als Abdeckung des Erkers dient eine so genannte welsche Haube (welsch = italienisch).

Das heutige Rathaus ist ein Bau der Neogotik, doch auch hier finden sich überkommene Elemente aus der Renaissancezeit. Einen Vorgängerbau des Renaissancerathauses, der für 1396 belegt war, gab es, doch fiel auch er dem großen Stadtbrand von 1424 zum Opfer. Ein Neubau wurde 1431 errichtet, dieser dann von 1560 bis 1583 im Stil der Renaissance umgebaut. Dieser Bau brannte 1837 ab. Clemens Wenzeslaus Coudray hatte Entwürfe für den Neubau gezeichnet, die dann Heinrich Heß als Baumeister umsetzte (1841). Relikte aus dem Renaissancebau sind zwei sehr schöne steinerne Portale, die man im Innenbereich eingebaut hat. Das ältere trägt die Jahreszahl 1560 – hier ist ein Tympanon aufgesetzt, das das Stadtwappen zeigt. Die Dekorationselemente sind erneut Delphine sowie Blattmasken. Das zweite Portal ist jüngeren Datums – auch hier im

Links: Cranachhäuser und
Stadthaus am Markt
Rechts: Hofapotheke
mit Neptunbrunnen

RATHAUS

Renaissanceportal im
Rathaus von 1583

Renaissanceportal
im Rathaus von 1560

Tympanon das Stadtwappen. Gleichzeitig bezeugt es das Datum der Fertigstellung des Renaissancebaus: 1583. Kannelierte ionische Säulen auf hohen Sockeln rahmen dieses Portal. Oben im Gebälk liest man folgende Inschrift: »Hat imant ein ambt, das warte er mit vleis.« Caritas und Fortitudo, die christliche Nächstenliebe und die Tapferkeit als weibliche Figuren rahmen das Wappen würdig ein.

Am Herderplatz steht das vielleicht schönste erhaltene bürgerliche Renaissancegebäude Weimars, das so genannte Deutschritterhaus. Dieser Name für das auf der Ostseite platzierte Gebäude ist

27

Links: Deutschritterhaus
Rechts: Renaissanceerker am
Haus Marktstraße 11

jedoch irreführend, da es nie zu den Besitzungen des Deutschen Ordens gehörte; vielmehr soll der Name auf ein hier zuvor gestandenes Komturhaus des Ordens verweisen – dies kann jedoch nicht mit Sicherheit nachgewiesen werden. Errichtet wurde das stattliche Stufengiebelhaus mit Akanthusornament 1566. Die drei Geschosse sind deutlich mit Gurtbändern unterteilt, die Fenster, die mit Dreiecksgiebeln abschließen, asymmetrisch angeordnet. Den Stufengiebel gliedern Lisenen, die über dem Giebelrand in Form kleiner Obelisken abschließen. Das Rundbogenportal zeigt Muschelnischen. Die Umfassung besteht aus flankierenden kannelierten toskanischen Säulen, die einen klassischen Architrav mit Dreiecksgiebel tragen.

Über die ersten Besitzer des Hauses ist nichts bekannt, ab dem 17. Jahrhundert jedenfalls ist es in bürgerlichem Besitz. Im 19. Jahrhundert dann hat das Haus eine berühmte Besitzerin – die Weimarer Hofsängerin und Geliebte von Herzog Carl August – Caroline Jagemann (1770 – 1848). Heute beherbergt das Haus ein gutes Weimarer Fischrestaurant.

KIRMS-KRACKOW-HAUS

› siehe Seite 60

Nur wenige Schritte von hier, in der auf den Herderplatz einmündenden Jakobsstraße, befindet sich das Kirms-Krackow-Haus, eines der ältesten erhaltenen Wohngebäude der Stadt. Das Hauptgebäude geht auf 1520 zurück, bildet also in der Tat auch das in dieser Auswahl älteste Beispiel eines Renaissancegebäudes, und zwar in der anspruchsloseren Spielart. Vermutet werden kann, dass die Kellergewölbe des Hauses vielleicht noch älteren Datums sind, dass das Ursprungsgebäude also ebenfalls dem Stadtbrand von 1424 zum Opfer fiel.

BÜRGERLICHE RENAISSANCEHÄUSER IN DER MARKTSTRASSE

Geht man nun durch die Marktstraße, so wird man gleich eine Reihe von Renaissancehäusern finden: Schon das Eckhaus Nr. 1 (es trägt die Weihe-Tafel 1557) geht auf diese Zeit zurück, desgleichen die Häuser Nr. 5 und 7 (Letzteres hat eine Barocktür), das Haus Nr. 13 und schließlich das Haus mit dem schönsten Erker Weimars (sowie einem Barockportal und einer Barocktür), die Nr. 11.

Das Geleithaus gehört zu den wenigen bürgerlichen Häusern, die im Laufe der Zeit fast nicht verändert wurden. Ursprünglich ein Wohnhaus von 1574, wurde das dreigeschossige Gebäude mit dem Portal und den Sitznischen ab 1764 bis 1817 zur Einnahmestelle der »Geleitgelder«, also einer Warenimportsteuer – daher der Name Geleithaus. Es kann als typisches Beispiel für den gehobenen Wohnbau in der zweiten Hälfte des 16. Jahrhunderts gelten.

Am Eingang der Scherfgasse befindet sich die Geleitschenke mit ihrem eindrucksvollen Fachwerk. Das Haus wurde Ende des 16. Jahrhunderts als Wohn- und Lagerhaus eines Waidhändlers erbaut. Zu Anfang des 18. Jahrhunderts lebte hier der als Kirchenlieddichter mit Bach'schen Sätzen bekannt gewordene Salomo Franck. Der Name »Geleitschenke« stammt übrigens erst aus der Zeit nach dem Zweiten Weltkrieg.

Wenn man sich die bisher gesichteten Befunde vergegenwärtigt, und sie umfassen für die Zeit der Renaissance den gesamten Baubestand in der Stadt, so dürfte klar werden, dass Weimar – und die im Zweiten Weltkrieg oder durch Brände zerstörten Bauten sind hier bereits abgezogen – bis in das Jahr 1600 im Wesentlichen ein von einfachen Wohnbauten und zum Teil auch noch stark bäuerlichen Nutzungen geprägtes Stadtbild aufwies, denn es war natürlich ein Spiegel seiner Bevölkerungsstruktur. Dieser Befund bestätigt die im gesamten Gebiet nördlich der Alpen angetroffene Situation – die vielen Kriege auf diesem Gebiet gerade in der zweiten Hälfte des 16. Jahrhunderts, die dann in den Dreißigjährigen Krieg mündeten, sowie die Desorientierung in Glaubens- und Wissensfragen (Humanismus, Kirchenkritik) bildeten keine günstigen Voraussetzungen für ein weit ausgreifendes oder das Stadtbild einer kleinen Residenz prägendes Baugeschehen.

GELEITHAUS UND
GELEITSCHENKE IN DER
GELEITSTRASSE

Links: Geleithaus
Rechts: Geleithaus
und Geleitschenke

Bescheidene Anklänge an eine große Bauepoche – die Barockbauten

Zahlreiche kleinere und größere Auseinandersetzungen fanden während des 17. Jahrhunderts in Europa statt: Der Dreißigjährige Krieg war jedoch unter diesen die grausamste, opferreichste und zerstörerischste. In den von Kämpfen heimgesuchten Ländern bildete daher der Festungsbau den Schwerpunkt. Erst in der zweiten Hälfte des Jahrhunderts setzte im Zusammenspiel mit der wirtschaftlichen Konsolidierung ein geistiger Aufbruch ein, besonders in den Naturwissenschaften. Andererseits kam es zu einer von der Gegenreformation und vom Absolutismus geprägten starken Baubewegung, deren Hauptförderer die Kirche und der Adel waren. Entsprechend wirkten die Protagonisten dieser Bewegung, die gegen Ende des 16. Jahrhunderts den Manierismus abgelöst hatte, in den katholischen Ländern, während in den protestantischen Gebieten – und hierzu gehörte auch das kleine Fürstentum Sachsen-Weimar – nur architektonische Einzelleistungen hervorgebracht wurden.

Die neuen Bauwerke sollten Größe und Pathos verkörpern und im Idealfall waren alle Einzelelemente der Barockbauten der Gesamtidee unterworfen. Es ging den theoretisch sehr gebildeten Baumeistern in der Regel um starke Bewegtheit, was sie durch geschwungene Grund- und Aufrissformen erreichten. An die Stelle des Kreises und des Halbrunds trat in der Architektur das dynamisch verschobene Oval, daneben spielten die Symmetrie und Regelmäßigkeit eine wichtige Rolle, was sich vor allem bei der Anordnung der Fenster zeigt. Statt wie zuvor Wendeltreppen bevorzugte man jetzt gerade Treppen. Alkoven, Anbauten und Kabinette waren bei den Profanbauten beliebt, und über allem thronte das französische Mansarddach, also das ausgebaute, geknickte Dach, das im unteren Teil stärker geneigt ist. Zu weiteren Merkmalen gehören die gebrochenen Giebel, das reiche Schmuckwerk und eine üppige Gestaltung der Innenräume, die ein festliches Raumgefühl vermitteln sollten.

Maßgebliche italienische Baumeister, die nachgeahmt wurden, waren zum einen Gianlorenzo Bernini und Francesco Borromini, auf der anderen, strengeren oder klassizistischeren Schiene des Barock Andrea Palladio. Italienische Architekten wirkten zu Beginn des 17. Jahrhunderts auch noch jenseits der Alpen, doch ab 1670 waren es ganz verstärkt die deutschen Meister, die alle ihre Bildungsreisen nach Italien absolviert hatten.

Kennzeichnete den Frühbarock vor allem der Kirchen- und Schlossbau, so traten – und dies sollte sich auch für Weimar bewahrheiten – in seiner Spätzeit die Profanbauten in den Vordergrund, in manchen Fällen (Mannheim, Kassel) sogar die barocke Stadtplanung mit ihren nach Achsen orientierten Reißbrettzeichnungen. Erst in der Spätphase, ab 1700, erreichte diese Stilrichtung in Deutschland das Stadium der reichsten Blüte. Hier sind für den ostdeutschen Raum die Namen Matthäus Daniel Pöppelmann und George Bähr, die beide in Dresden wirkten, zu nennen.

Von den in dieser Zeit in Weimar arbeitenden Architekten hat keiner einen über die regionalen Grenzen hinausdringenden Ruf errungen. Dies hängt sicherlich auch mit den geringen zur Verfügung stehenden finanziellen Mitteln zusammen. Daher einige Worte zur wirtschaftlichen Situation Weimars nach dem Dreißigjährigen Krieg: Hier lässt sich eine der Prosperität nachteilige Stagnation ausmachen. Es gab in Weimar und Umgebung weder die zur wirtschaftlichen Entwicklung notwendigen Rohstoffe, noch bestand eine günstige Verkehrsanbindung. Auch erdrückte das potentere Erfurt den kleineren Nachbarn. Daher setzte in bürgerlichen Kreisen auch nur langsam neuer Bauwille ein und Weimar bewahrte bis gegen Ende der Epoche weiterhin seinen dörflichen Charakter. Trotz einiger dem Wirtschaftsleben abträglicher Entscheidungen des Hofes, etwa den Jahrmarkt am Sonntag zu verbieten, lässt sich ab der zweiten Hälfte des 17. Jahrhunderts ein großes Bevölkerungswachstum in Weimar ablesen: 1698 zählte man doppelt so viele Einwohner wie noch 50 Jahre früher, nämlich 4 669. Inzwischen hatte man übrigens mit der Beförderung eines neuen Wirtschaftszweiges, der Strumpfwirkerei, begonnen, was ebenfalls die Zuwanderer anzog. Doch eine große Anzahl an Einwohnern Weimars war als fürstliche oder städtische Beamte sowie als fürstliche Soldaten oder Hofbedienstete hier ansässig.

Auch in der Barockzeit und besonders nach dem verheerenden Brand von 1618 war der Hof der große und beispielgebende Bauherr, zumal das kulturelle Anliegen der fürstlichen Familie gerade im Jahr 1617 in besonderer Weise formuliert worden war, als in den noch intakten Räumlichkeiten am 14. August die »Fruchtbringende Gesellschaft« zur Reinigung der Deutschen Sprache »ohne einmischung frembder ausländischer wort« gegründet wurde. Nach dem ihr zugeordneten Symbol, einem Wappenschild mit Palmenbaum, wird sie auch der »Palmenorden« genannt. Namhafte Persönlichkeiten der Zeit aus Dichtung und Wissenschaft wie Martin Opitz, Andreas Gryphius, Friedrich von Logau und Johann Michael Moscherosch gehörten ihr an und stellten ihre Gaben in den Dienst einer Bewegung, die stark auf die nationale Identität verweisen und diese stärken wollte. Die Gesellschaft existierte bis 1680.

DER UMBAU DER BURG ZUR »WILHELMSBURG«

› siehe Seite 11 f., 18 ff., 70 ff., 85 ff.

Herzog Johann Ernst plante direkt nach dem Brand einen Neubau, der lediglich den erhaltenen Westflügel aussparen sollte. Schon im Januar 1619 weilte der künftige Architekt, der zunächst in Bamberg tätige Italiener Giovanni Bonalino, in Weimar. Sein Plan: Die Dreiflügelanlage sollte in einen barocken Vierflügelbau umgestaltet werden. Die Gesamtanlage sollte das Entscheidende sein, selbst die Kirche – sie war am gleichen Ort geplant wie ihr Vorgängerbau – sollte vollkommen integriert werden und auch nach außen hin nicht mehr als Sakralbau in Erscheinung treten. Jeweils in der Mitte eines jeden Flügels waren die Eingänge vorgesehen. Das neue Zentrum sollte ein zehnachsiger Säulensaal im Nordflügel (heute Schlossmuseum) sein. Natürlich war auch geplant, die zahlreichen kleinen Treppentürme zugunsten großzügiger Treppenhäuser abzuschaffen.

Bonalino begann auch tatsächlich im Jahr 1623 mit der Ausführung, zunächst mit der Errichtung der Schlosskirche, deren Rohbau noch im selben Jahr vollendet wurde. Es handelte sich hier um einen dreiachsigen Raum mit zweigeschossigen Emporen – dies war in den sächsischen Hofkirchen üblich, um die Separierung der Stände und Geschlechter zu ermöglichen. Doch bereits in diesem Jahr entstanden Streitigkeiten mit den Weimarer Obrigkeiten und Bonalino verließ die Stadt (vermutlich auch aus Geldgründen, denn während des Dreißigjährigen Krieges konnte das begonnene Gebäude nicht vollendet werden). Nicol Teiner übernahm als Architekt den Bau.

Es lässt sich an dieser Stelle erstmalig ein immer wiederkehrendes Problem erkennen, das sich, speziell unter Goethes Schlossbauleitung, fortsetzen sollte: Das Fehlen eines veritablen fürstlichen Bauamts – und dies hatte mit dem chronischen Geldmangel in dem armen Fürstentum zu tun – führte dazu, dass immer wieder neue Architektenpersönlichkeiten an Weimar gebunden werden mussten. Und sie siedelten sich hier nicht an, weil keine Anschluss- oder gleichzeitigen Aufgaben zu erwarten waren.

Sternbrücke

Ab 1626 war Herzog Wilhelm IV. der neue Bauherr, doch gebaut wurde aufgrund der Kriegsge-schehnisse nicht mehr. Erst im Jahre 1651 unter dem Architekten Johann Moritz Richter wurde der Bau fortgesetzt. Richter, der auch an Schlossbauten in Gotha, später Weißenfels, Saalfeld, Eisen-berg und Zeitz mitwirkte, hatte im Übrigen bereits fünf Jahre vor dem Weiterbau eine Radierung des Schlosses von der Ilmseite her angefertigt, auf der man den Baufortschritt bis zum Ruhen der Arbeiten gut erkennen kann: Bonalinos Pläne waren, das kann man erkennen, unter Teiner durch-geführt worden. Lisenen und Putzrahmungen gliedern den Bau. Eckrustizierung sorgt für einen massiven Eindruck des Gebäudes. Die durch Arkadenbögen gestaltete Tordurchfahrt in der Mitte des Gebäudes wirkt luftig. Zu ihrer Rechten existierte noch ein zweites Gebäude im Ostflügel, das so genannte Grüne Haus, das 1618 nur im Obergeschoss zerstört worden war. Über das Grüne Haus erfolgte auch der Zugang zum Schloss über den Graben. Insofern war das große Mittelportal zunächst noch sinnlos, denn es konnte nicht benutzt werden. Hier war offenbar schon lange der Bau einer Brücke vorgesehen.

STERNBRÜCKE   Diese Brücke, die Sternbrücke, wurde in den Jahren 1651 bis 1653 ebenfalls von Johann Moritz Richter gebaut – sie ist die älteste erhaltene Brücke Weimars. Ursprünglich wölbte sie sich mit drei Bögen über den Fluss. Später wurde auf der Ostseite ein weiterer, kleinerer hinzugefügt, wo ehe-mals eine kleine hölzerne Zugbrücke stand. In jedem der Hauptbögen findet sich ein kreisrunder Hochwasserdurchlass. Zur damaligen Zeit darf man sich zusätzlich einen kleinen künstlichen Nebenarm der Ilm vorstellen, der kurz vor der Brücke wieder in diese mündet, den so genannten Floßgraben. Denn auf dem jenseitigen Ufer der Ilm befanden sich an dieser Stelle südlich und nördlich der Brücke die Lagerplätze für das herangeflößte Holz. Das eiserne Brückengeländer ist

› siehe Seite 85 allerdings eine Zutat aus dem Spätklassizismus, von Coudray gestaltet.

Ostseite des Schlosses
mit Fassadengliederung

Insgesamt wurden auch bei dem 1651 begonnenen Umbau die Grundzüge des Bonalino-Entwurfs durchgeführt. Seit dem Richtfest am 12. August 1651 führte das Schloss offiziell den Namen »Wilhelmsburg«. Erkennbar von dieser Anlage ist bis heute die Fassadengliederung, die über Bonalino eher auf die Renaissance als den Barock zurückgeht. Das Grüne Haus wurde durch Richter baulich der Schlosskirche angeglichen. Nur in einem wesentlichen Punkt allerdings wandelte er Bonalinos Entwurf ab: Er wollte von der geplanten Vierflügelanlage zugunsten der Dreiflügelanlage abrücken, was dem allgemeinen Wunsch der Zeitgenossen, das Gebäude in den Landschaftspark übergehen zu lassen, entsprach. Ebenso wie andere Herrscher seiner Zeit – hier wären etwa August der Starke, Landgraf Moritz von Hessen, Kurfürst Friedrich Wilhelm von Brandenburg und schließlich der Preußenkönig Friedrich II. zu nennen – war auch Wilhelm IV. im Laufe seiner Ausbildung mit mathematisch-geometrischen und architektonischen Fächern in enge Berührung gekommen und besaß auf dem Gebiet der Schloss- sowie der Militärarchitektur sehr gute Kenntnisse. Wir dürfen uns daher bei der Bauplanung durchaus Diskussionen zwischen Wilhelm IV. und dem Architekten Richter vorstellen, der seinen Bau 1662 abschließen konnte.

Neu war der Turmaufbau (zwei Geschosse) in der Mitte des Nordflügels, wo das Corps de logis untergebracht war, während die Wirtschaftsgebäude im Süden, integriert in die Mauerringanlage, ihren angestammten Platz behielten. So konnte also der zentrale Punkt der Konzeption, die Dreiflügelanlage, nicht umgesetzt werden und auch die Vierflügelanlage war letztlich nicht verwirklicht, da die gebogene Linie der Ringmauer natürlich das strenge Grundrissschema korrumpierte. Im Nordflügel fanden sich weiter die »Kurfürstlichen Zimmer«, deren Grundstruktur bis heute erhalten geblieben ist, sowie »die große Tafelstube« (später: Rittersaal). Der Haupteingang im Nordflügel war jedoch durch die in den Arkadengang integrierte Springbrunnenanlage verstellt.

Portal des Gelben Schlosses

Wichtiges Bauelement im Ostflügel war der »Aufritt«, also eine repräsentativen Zwecken vorbehaltene Treppe mit langen, flachen Stufen, über welche man auch hoch zu Ross in das Schloss gelangen konnte. Er befand sich in Nachbarschaft zur Schlosskirche sowie zum großen, zweigeschossigen und mit 26 ursprünglich roten Marmorsäulen umstellten Festsaal, welchem vier fürstliche Gemächer nach Osten zur Ilm vorgelagert waren. Der Festsaal war der größte Raum im Schloss und hatte weiße Wände. Von hier ging es über einen Ausgang in die Schlosskirche und auf der Nordseite in den Rittersaal. Den Wandschmuck bildeten im Wesentlichen Schlachtenbilder, auch Reiterbilder der Herzöge, alle damals jüngsten Datums, also aus der Zeit des Dreißigjährigen Krieges. Die Decke war von einer Kuppel bekrönt, doch die Berichte über ihren Schmuck mit Bildnissen aus der antiken Mythologie sind zu unterschiedlich, als dass man hier eine sichere Aussage treffen könnte. Dieser Saal galt in seiner Entstehungszeit als sehr modern. Seine Einrichtungsprinzipien gehen auf Palladios Schriften zurück, in den früheren französischen Baubeispielen wurde ein solcher Saal daher als »à l`italienne« bezeichnet. Für die deutsche Bausituation war der Weimarer Saal ein sehr frühes Beispiel für diesen Typ mit Säulenumgang und Kuppel.

Ein weiterer vielgerühmter Raum war auch das Marmorzimmer, das sich an der Ostseite an den Festsaal anschloss. Der Marmor war offenbar rötlich oder gelblich, erwähnt werden auch hier von unterschiedlichen Berichterstattern verschiedene Ausstattungselemente: Säulen, vergoldet oder mit Gipsmarmor überzogen, bzw. sogar Karyatiden.

Dem Rittersaal schließlich, der sich im Norden an den Festsaal anschoss, galt gleichfalls große Aufmerksamkeit. Stuck in »Schnörkeln«- oder »Laubwerck« herrschte vor, welches auch die Fenster und Gemälde einrahmte. Die zwölf Monate sind wahrscheinlich abgebildet gewesen und eine Galerie mit Porträts der Ritter des Falkenordens habe die Blicke auf sich gezogen. Von diesem Detail lässt sich das Datum der Einrichtung des Saales erschließen: kurz nach Gründung des Falkenordens 1732. Ein letztes Schlossprojekt in dieser barocken Phase fand 1658 seinen Abschluss: Die Schlosskirche erfuhr durch Richter ihren barocken Umbau, der bis hinein in das 18. Jahrhundert in Mitteldeutschland stark nachgeahmt wurde, z. B. in unmittelbarer Nähe Weimars in Tiefurt und Niedergrunstedt. Richter schuf den ersten Pyramidenkanzelaltar auf deutschem Gebiet (unter diesem hatte sich der Herzog seine Grabstelle gewünscht). Des Weiteren öffnete er die Decke und baute eine zusätzliche Kuppel ein, wo ein Chor stehen konnte und die Orgel ihren Platz fand. Mit diesen Maßnahmen entsprach er den persönlichen Ideen des Herzogs, der die Kirche als eine »Himmelsburg« imaginierte, einen Raum also, in dem die Auferstehung sinnbildlich über den die Decke durchstoßenden Obelisken vollzogen wird. Gleichzeitig schuf er einen Typ von Altar, der die protestantische Vorherrschaft des Wortgottesdienstes schon über die zentrale Positionierung der Pyramidenkanzel sichtbar machte.

Als letzte spätbarocke Zutat am Schlossbau soll noch die Haube des Turmes erwähnt werden, die von 1729 bis 1732 durch Gottfried Krohne geplant wurde. Eine Erneuerung war notwendig geworden, um das aus fünf Glocken bestehende neue Geläut unterzubringen, das man im Turm der Schlosskirche nicht logieren konnte.

DAS GELBE SCHLOSS
› siehe Seite 153

Seite 35: Grünes Schlösschen

Das Gelbe Schloss wurde mit großer Wahrscheinlichkeit zwischen 1702 und 1704 von Johann Mützel als Witwensitz für Herzogin Charlotte Dorothea Sophie errichtet. So erklären sich auch die eisernen Buchstaben an der Nordseite des Gebäudes: C(harlotte) D(orothea) S(ophia) D(ux) S(axoniae) L(andgrafia) H(asso) H(omburgiae). Der Bau entspricht vollkommen der Auffassung des Architekten von schlichter Barockarchitektur.

An der Ecke zwischen dem Grünen Markt und der Kollegiengasse befand sich zuvor ein adliges Freihaus. Nur die Reste eines barocken Säulenportals sind erhalten. Wir bewundern die steinerne Portaleinfassung und ionische Säulen, die ein verkröpftes Gebälk mit gesprengtem Giebel tragen, in welchem das Monogramm der Herzogin in der Kartusche erscheint. Auf dem Giebel thronen zwei gekrönte Löwen. Sie halten den Herzogshut in ihren Pranken fest. Bis zum Zweiten Weltkrieg, als das Gebäude stark beschädigt wurde, gab es im Inneren auch noch Stuckdecken und Malereien aus der Entstehungszeit.

Ab der Mitte des 18. Jahrhunderts diente das Gelbe Schloss Hofbeamten zur Wohnung. So erklärt sich auch die Geburt des späteren Bühnendichters August von Kotzebue im Jahre 1761 in diesem Haus, denn seine Eltern waren am Hof beschäftigt. 1953 erfolgte der Wiederaufbau des Gebäudes, es beherbergte danach für lange Jahre städtische Dienststellen. Heute ist es Teil des Erweiterungsbaus der Herzogin Anna Amalia Bibliothek.

DAS GRÜNE SCHLÖSSCHEN

› siehe Seite 20, 78 f.,
91 ff., 155

Auch der Umbau des Grünen Schlösschens zur Herzoglichen Bibliothek unter Herzogin Anna Amalia zählt noch zu den Leistungen der Barockzeit, wenngleich zu ihrer Spätform, die man auch als Rokoko bezeichnet. Bevor das Gebäude gewürdigt werden soll, hier einige Anmerkungen zur Entwicklung der herzoglichen Büchersammlung: Bereits vor dem Schlossbrand von 1618 hatte das Grüne Schlösschen Herzog Johann Ernst d. J. als Aufenthalt gedient, nach dem Brand sogar als Residenz. Das hatte zur Folge, dass die Büchersammlung, die er bereits in das Schlösschen verbracht hatte, dem Schlossbrand nicht zum Opfer fiel. Sie wurde allerdings 1633 unter den vier Brüdern Wilhelm, Albrecht, Ernst und Bernhard aufgeteilt. Ab sofort war der Aufbewahrungsort der in Weimar verbliebenen Bücher das Rote Schloss. Ab 1636 stellte Herzog Ernst einen Diener ein, der sich ausschließlich um die Buchbestände zu kümmern hatte. Sie wurden für einige Zeit auch in den Privaträumen des Herzogs im Grünen Schlösschen untergebracht. Die Landesteilung von 1640 verringerte die Buchbestände erneut. Die verbliebenen Bücher bewahrte man nun, nach Themen unterschieden, an zwei Stellen im Residenzschloss auf. Nach Einrichtung der »Fruchtbringenden Gesellschaft« kam es in Weimar zu einer deutlichen Aufwertung kultureller Belange und damit zum systematischen Aufstocken der Buchbestände. Der 1652 eingestellte Bibliothekar war Georg Neumark, der Verfasser des von Johann Sebastian Bach vertonten Kirchenliedes »Wer nur den lieben Gott läßt walten«. Dennoch – der Buchbestand war auch in der Folge erneuten Minderungen, hervorgerufen durch Erbteilungen, unterworfen.

Erst Wilhelm Ernst von Sachsen-Weimar eröffnete im Jahr 1691 eine reguläre Bibliothek – im Hintergrund stand für ihn, wie schon nach dem Dreißigjährigen Krieg, der Wunsch nach einer kulturellen Aufwertung der Residenz. Gelegen kam dem Fürsten die Möglichkeit des Ankaufs von mehreren umfangreichen Privatbibliotheken in den Jahren 1701, 1704 und 1706. Damals befand sich die Bibliothek in drei Räumen im Ostflügel des Schlosses. Doch ihre nun kontinuierliche Ausweitung brachte auch die Verstreuung auf weitere, entlegenere Räume des Schlosses mit sich, sodass der Gedanke nahe lag, ihr ein eigenes Gebäude zu widmen, das Grüne Schlösschen. Unter Herzog Ernst August, der eine Vorliebe fürs Militär besaß, hatte es zeitweilig als Zeughaus gedient. Die Herzogin Anna Amalia, eine gebildete Regentin, die mit Büchern aufgewachsen war, setzte den schon lange Zeit existierenden Plan seines Umbaus zur repräsentativen Schaubibliothek 1760 bis 1766 in die Tat um. Für die damalige Zeit, als Bibliotheken meist noch im baulichen Konnex einer Residenz, eines Klosters oder einer Universität existierten, galt das Vorhaben durchaus als ungewöhnlich.

Seite 37: Rokokosaal der
Herzogin Anna Amalia
Bibliothek vor dem Brand
vom 2. September 2004

Rokokosaal der
Herzogin Anna Amalia Bibliothek nach dem Brand

Vorbild für den Umbau war nicht so sehr die Klosterbibliothek, vielmehr die in der Residenz und im gesamten Land gebräuchliche protestantische Kirchenarchitektur: Das Ziel war die Errichtung einer aus Büchern gebauten Halle, was auch den ideellen Ort benennt, den ab sofort Literatur und Bildung in dem kleinen Fürstentum erhalten sollten. Zwei Architekten wurden mit der Aufgabe betraut: Johann Georg Schmid, Schüler des Dresdner Baumeisters George Bähr, und August Friedrich Straßburger. Schmid gilt als einer der letzten Vertreter des Spätbarocks. Er war mit am Bau der Dresdner Frauenkirche beteiligt gewesen. Der bodenständigere Straßburger orientierte sich daher stark an dem als überlegen empfundenen Schmid. Beide bestimmten einen vollkommenen Deckendurchbruch bis unter das Dach, denn die Bibliothek sollte neben der repräsentativen Funktion zudem genügend Regalraum für künftige Büchererwerbungen bieten, was auch, zumindest für die Zeit bis zum Ende des 19. Jahrhunderts, gewährleistet wurde.

Der Rokokosaal der Bibliothek, ein Gesamtkunstwerk bestehend aus Bildern, Stichen, Büsten, Karten, Globen, Medaillen, Architektur und Büchern präsentierte die klassische Epoche in dieser geistig-ästhetischen Ordnung in idealer Weise. Den Zweiten Weltkrieg überstand das Gebäude samt Inhalt unversehrt, seit den dreißiger Jahren wurde jedoch von jedem Bibliotheksdirektor ein Erweiterungsbau angemahnt. Erst der Brand der Bibliothek vom 2. September 2004 vernichtete neben 50 000 zum Teil unersetzlichen Büchern und Manuskripten diesen auratischen Ort der deutschen Klassik, zu welchem dieser Saal schon bald nach Goethes Tod wurde. Bis zum 200. Todestag der Herzogin Anna Amalia am 24. Oktober 2007 soll der Saal in originaler Form rekonstruiert sein und erneut die bedeutenden Büsten Goethes (von Alexander Trippel, von Gottlieb Martin Klauer und P. J. David d'Angers), die Schiller-Büste Johann Heinrich von Danneckers, die Herder-Büsten von Trippel und Johann Peter Kaufmann, die Büsten Anna Amalias von Klauer und Carl Gottlob Weißer präsentieren. Auch die Bildnisse, die die Besucher so lieben, werden dann wieder zu sehen sein – abzüglich der 19 definitiv verbrannten, doch darunter befinden sich glücklicherweise nicht solche Hauptstücke wie »Die Tafelrunde bei Anna Amalia« von Georg Melchior Krauss, ebensowenig Johann Joseph Schmellers Gemälde »Goethe in seinem Arbeitszimmer, dem Schreiber John diktierend«, Johann Heinrich Wilhelm Tischbeins Schiller-Gemälde und Ferdinand Jagemanns Kreidezeichnung »Schiller auf dem Totenbett« oder der Blickfang des Raumes, sein Porträt von Herzog Carl August.

DAS FÜRSTENHAUS,
HEUTE: HAUPTGEBÄUDE
DER MUSIKHOCHSCHULE
»FRANZ LIST«

Ein weiteres, für den Umkreis des Hofes wichtiges Gebäude findet sich direkt neben dem Grünen Schlösschen, dem heutigen Stammhaus der Herzogin Anna Amalia Bibliothek, es ist das als Landschaftskassenhaus in den Jahren 1771 bis 1774 errichtete spätere Fürstenhaus, heute (und schon ab 1951) Hauptgebäude der Hochschule für Musik »Franz Liszt«. Man kann sich darüber streiten, ob man dieses Gebäude dem Spätbarock oder dem Frühklassizismus zuordnen möchte. Wie bei allen Übergangsbauten sind die Grenzen hier fließend. So weist auch dieser Bau noch Stilelemente der früheren Epoche auf und bereits einige Merkmale der neuen, »revolutionären« Architekturauffassung. Die Pläne erstellte unter Herzogin Anna Amalia der fürstliche Landbaumeister Johann Gottfried Schlegel. Die Fassade besaß ursprünglich nicht den erst 1882 hinzugefügten neobarocken Säulenportikus, sondern einen lediglich durch Pilaster betonten Mittelrisaliten und war über dem rustizierten Erdgeschoss glatt verputzt. Generell kann man sagen, dass die Außenseite des Gebäudes eher den Spätbarock repräsentiert, während sich die klassizistischen Neuerungen auf den bürgerlichen Zwecken bestimmten Innenraum beziehen, so ermöglicht der das Gebäude ganz durchstoßende Mittelkorridor die räumliche Erschließung der vielen kleinen, gut beleuchteten Einzelräume.

Fürstenhaus,
Hauptgebäude der Musik-
hochschule »Franz Liszt«

Bauleiter war der ursprüngliche Hofjäger Anton Georg Hauptmann, der ab den siebziger Jahren in Weimar mehr als 20 wichtige Gebäude errichtete. Diesem Unternehmer lastete Herzog Carl August, der das Gebäude nach dem Schlossbrand von 1774 gemeinsam mit Herzogin Louise bezog, zahlreiche Baumängel (z. B. schnell faulende Deckenbalken) an, gleichwohl bewohnte er es 28 Jahre lang mit seiner Familie, bis er das Residenzschloss wieder beziehen konnte. Ab sofort diente das Fürstenhaus staatlichen Zwecken, wurde zu einem der vielen Domizile der Freien Zeichenschule, beherbergte bis 1918 die Landstände, war daraufhin Sitz der provisorischen Regierung und dann des Landtages.

Ein letztes dem Hof zugeordnetes Gebäude ist das Wittumspalais, das Herzogin Anna Amalia 1774 bezog, als ihr Sohn Carl August die Regierung übernahm. Es war durch den eben erwähnten Baumeister Schlegel erst sieben Jahre zuvor im Auftrag des Ministers Jakob Friedrich von Fritsch erbaut worden, und zwar unter Einbeziehung einiger Bauteile des ehemaligen Franziskanerklosters. Das Hauptgebäude wendet seine Schauseite dem heutigen Theaterplatz zu, dies entspricht den spätbarocken Baugewohnheiten: Die Gebäude wurden insgesamt längs und parallel zur Straßenfront ausgerichtet. Damals muss man sich die Lage direkt an der an dieser Stelle abgebrochenen inneren und äußeren Stadtmauer vorstellen. Ein größerer Garten entlang der in nördlicher Richtung weiter bestehenden Stadtmauer erstreckte sich bis zum Erfurter Tor. Anna Amalia lebte im Wittumspalais vorwiegend im Winter, und zwar bis zu ihrem Tod am 10. April 1807.

Das Erdgeschoss des Wittumspalais zur Theaterplatzseite ist verdeckt, was sich durch die Aufschüttung der Esplanade, des ehemaligen Stadtgrabens und des Theaterplatzes, ergab. Die ursprüngliche

DAS WITTUMSPALAIS

Wittumspalais

Bausituation lässt sich jedoch erschließen, wenn man über den nördlichen Eingang nach unten in den Hof des Palais steigt. Spätbarocke Gestaltungselemente der Außenhaut bilden die Gliederung: Ecklisenen, horizontale Bänder und unter den Fenstern angeordnete Putzspiegel. Die Schauseite weist einen durch Pilaster betonten Mittelrisaliten mit einer Bekrönung durch Vasen und Putten auf.

Seit der Regierungsübernahme durch Carl August verfügte Anna Amalia über ein Zeitreservoir und ihren geistig-künstlerischen Neigungen entsprechend plante sie das Wittumspalais auch als einen Ort des Kulturgenusses und geistvollen Austauschs mit anderen Menschen – hierbei wurden erstmalig auch Bürgerliche von der Herzoginmutter einbezogen. Sie inaugurierte etwa die »Tafelrunde«, die jeden Montag in einem eigens dafür eingerichteten »Tafelrundenzimmer« stattfand. Jeder Teilnehmer war aufgefordert, durch Vorträge verbaler oder musikalischer Art zur geselligen Unterhaltung beizutragen. Auch die Theaterstücke der großen Dramatiker kamen in verteilten Rollen zum Vortrag. Ein Glanzstück der Weimarer adligen Festkultur des 18. Jahrhunderts war der Festsaal des Wittumspalais, der auch heute noch für Vorträge oder musikalische Veranstaltungen genutzt wird. Bereits der Erbauer Minister von Fritsch veranlasste eine Innenausstattung durch den Leipziger Maler und Kunsttheoretiker Adam Friedrich Oeser, bei dem Goethe während seines Leipzig-Aufenthaltes Zeichenunterricht genommen hatte. Oeser schuf das schöne Deckengemälde im Festsaal und die Wandfresken im damaligen Gartenpavillon, die heute den Roten Turm im Belvederer Park ausschmücken.

Angemerkt werden muss, dass Anna Amalia sehr großen Wert auch auf zeitgemäße Innenausstattung legte und daher alle zehn Jahre ihre Räume modernisieren ließ. In diesem Zusammenhang ist die Neuausstattung des Festsaals 1804 durch Heinrich Meyer, der den altgewordenen Adam Oeser ablöste, wichtig, denn Meyer gestaltete den Saal natürlich nach den neuen Prinzipien des

Festsaal im Wittumspalais

Tafelrundenzimmer
im Wittumspalais

Links: Schloss Ettersburg
Rechts: Weißer Saal in Schloss
Ettersburg

Klassizismus, brachte eine Velumausmalung und die Stucco-lustro-Verkleidung ein. Das Decken-gemälde Oesers allerdings, die »Minerva«, blieb auf Wunsch Anna Amalias erhalten. Einrichtungs-gegenstände und Bilder im Wittumspalais bilden ein harmonisches Ensemble des Stils um 1800, der der keineswegs prätentiösen, äußerst natürlichen Art entsprach, die Herzogin Anna Amalia pflegte.

SCHLOSS ETTERSBURG

Ein Augustiner-Chorherrenstift an gleicher Stelle lässt sich ab 1089 nachweisen. Es bestand bis 1525 und verfiel dann, doch eines der Gebäude diente den Weimarer Herzögen schon früh als Jagd-haus. So war es fast natürlich, dass Herzog Wilhelm Ernst hier zwischen 1706 und 1712 ein relativ einfaches dreiflügeliges barockes Schloss errichten ließ, dessen Ostteil sich an die Dorfkirche anlehnte (heute ist es der neogotische Nachfolgebau der Kirche). Der erwähnte Architekt Johann Mützel erhielt den Auftrag. Herzog Ernst August war jedoch mit diesem Bau schon 20 Jahre später nicht mehr zufrieden, sodass er den Baumeistern Richter und Krohne die Aufgabe stellte, die Anla-ge durch ein repräsentatives Corps de logis zum Hang hin zu schließen. In mehr als zehnjähriger Arbeit entstand ein nach Süden orientierter, frei stehender, im barocken Stil errichteter block- oder würfelartiger Wohnbau, der zum Garten hin gerade auch durch den fünfachsigen, hervortretenden Mittelrisaliten sehr eindrucksvoll wirkt, während die Hofseite wesentlich einfacher gestaltet ist. Doch kamen auch zahlreiche Gestaltungs- und Dekorationselemente, wahrscheinlich aufgrund der zu hohen Kosten, nicht zur Realisierung, so etwa der den Bau bekrönende Altan, eine stark durch-dekorierte Balustrade und figürliche Aufsätze über den Fensterverdachungen.

Der heutige Landschaftspark, der vom Schloss nach oben in den Wald führt, ist eine Schöpfung des 19. Jahrhunderts (wie übrigens auch die gartenseitige Freitreppe, die dem Gebäude viel seiner ursprünglichen Anmutung raubt). Herzogin Anna Amalia – und nicht der Bauherr Ernst August – machte Schloss Ettersburg berühmt, da sie es zu Beginn ihrer Regierungszeit zum festen Sommersitz wählte. Den Saal im Alten Schloss, dessen Fenster Rundbögen aufweisen wie auch der Saal im Erdgeschoss, funktionierte sie kurz entschlossen in einen Theatersaal um, ohne jedoch die Dekoration zu verändern, die wir heute als äußerst sanierungsbedürftig mehr vermuten als bewundern dürfen: Die Wände sind durch falsche Pilaster eingeteilt, über den Türen und Kaminen finden sich ausgearbeitete plastische Elemente. Eine Musikerempore ist mit Trompe-l'oeuil-Stuckdekoration gestaltet, ebenso der Deckenstuck. Hier also fanden die ersten Aufführungen des von der Herzogin so geschätzten Liebhabertheaters statt, an denen die begabten Mitglieder ihres Hofes, Carl August, der Märchendichter Musäus, die Sängerin Corona Schröter, Freiherr von Seckendorf und viele andere teilnahmen. Als Goethe in Weimar eintraf, freute sich Anna Amalia, in Ettersburg seine Stücke »Jahrmarktsfest zu Plundersweilern« (1778) und »Die Laune des Verliebten« (1779) uraufführen zu können. Goethe inszenierte sodann auch »Die Mitschuldigen«, »Die Vögel« sowie die Prosafassung seiner »Iphigenie auf Tauris«. Auch Schiller lernte Ettersburg noch kennen. Die Herzogin bot ihm eine Arbeitsmöglichkeit an, damit er im Jahr 1800 seine »Maria Stuart« hier beenden konnte. Natürlich war Wieland ein gern gesehener Gast der Herzogin und daher auch in Ettersburg, obwohl er sich gleich zu Beginn der Goethe'schen Epoche hier die ziemlich herzlose Parodie seiner ihm so teuren Oper »Alceste«, die Gluck vertont hatte, gefallen lassen musste. So war Ettersburg ein Ort des adligen Dilettierens und erhielt durch Goethes Kunststreben neuen Glanz. Doch einige Jahre später verlor die Herzogin die Lust an diesem Platz, wahrscheinlich war sein Unterhalt zu teuer. Sie wendete sich nach Tiefurt. Trotzdem blieb Schloss Ettersburg immer wieder, so auch unter Großherzog Carl Alexander, wichtiger Treffpunkt der Fürsten mit Dichtern und Gelehrten. Im 20. Jahrhundert dann wechselten die Nutzungen stark; zeitweilig war hier eine Herrmann-Lietz-Schule untergebracht. Heute bemüht sich ein Kuratorium Schloss Ettersburg, für den dem Verfall anheim gegebenen Bau ein Nutzungskonzept zu entwickeln.

Zwei Kilometer in östlicher Richtung von Weimar entfernt liegt an der Ilm Schloss Tiefurt, doch »Schloss« ist im Grunde ein irreführender Name für das ehemalige Pächterhaus des Kammergutes, das im Jahr 1765 errichtet und schon zehn Jahre später für Carl Augusts jüngeren Bruder, den Prinzen Constantin, requiriert wurde. Drei Jahre nur genoss er das »Rustizieren« gemeinsam mit seinem Prinzenerzieher Carl Ludwig Knebel. Eine Kavalierstour des Prinzen 1781 ausnutzend, nistete sich seine Mutter in Tiefurt ein und vertrieb ihren zweiten Sohn aus seinem Idyll. Es ging der Herzogin, wie schon in Ettersburg, um die Möglichkeit, sich mit den ihr angenehmen geistvollen Menschen zu umgeben, gemeinsam die Natur zu genießen, aber auch kultivierte Gespräche zu führen und dem Kunstgenuss zu frönen. Vor der Tiefurter Kulisse darf man sich die berühmten Freilichtaufführungen etwa der »Fischerin« von Goethe am 22. Juli 1782 vorstellen, bei welcher Gelegenheit der Dichter all seine Fähigkeiten ins Werk setzte und den Landschaftspark, die Ilm sowie das Spiel von Hell und Dunkel mittels Feuer und Fackeln in idealer Weise mit einbezog. Tiefurt ist fast bedeutender wegen seiner Parklandschaft als wegen der Architektur des intim wirkenden Schlösschens. Es sei dennoch kurz beschrieben, wenngleich der originale Eindruck der Innengestaltung seit den napoleonischen Plünderungen nicht mehr vorhanden ist und wir die Einrichtung vorfinden, die Maria Pawlowna und Großherzog Carl Friedrich wählten, als sie Tiefurt nach Anna Amalias Tod übernahmen und mit Gegenständen aus ihrem Nachlass möblierten. Die Räume sind bescheiden und vermitteln daher umso besser einen Eindruck vom Leben in jener Zeit. Auch hier hatte Goethe gewirkt, nicht nur als gerne gesehener Gast, der sein eigenes Zimmer besaß, sondern auch als Innenarchitekt, der etwa bestimmte, dass die Fußböden mit gewachster Leinwand überzo-

Park von Tiefurt mit
Musentempel im Hintergrund

gen werden sollten. 1794 ließ Anna Amalia auch in Tiefurt – wie im Wittumspalais – neue Dekorationen im hochklassizistischen Stil anbringen, Tapeten mit Kupferstichbordüren, die römische oder neapolitanische Landschaften zeigten. In der Mansarde des Seitenflügels war übrigens mit fleißiger Feder eine ganz besondere Kulturleistung entstanden: Die verwachsene und äußerst scharfzüngige Hofdame Anna Amalias, Louise von Göchhausen, schrieb hier den »Urfaust« ab – nur in ihrer Handschrift ist er erhalten.

Die ersten Ideen zur Umwandlung des Geländes an der Ilm in einen englischen Landschaftspark hatte übrigens der Prinzenerzieher Carl Ludwig von Knebel entwickelt. Er dachte ganz im Sinne der Empfindsamkeit an einen Park mit einigen besonderen Plätzen, einer Grotte (hier: »Grab Vergils«), einer Einsiedelei, einem kleinen Altar oder einem chinesischen Pavillon. Anna Amalias Zusätze zur Parkarchitektur waren dann das erste Mozart-Denkmal überhaupt (entworfen wurde es von Heinrich Meyer, dem »Kunscht-Meyer«, den Goethe aus Italien mitgebracht hatte), desgleichen ein Herder-Denkmal, denn der 1803 verstorbene Superintendent und persönliche Freund Anna Amalias war ihr ein wichtiger Ratgeber. Natürlich stellte sie auch die Klauer'schen Büsten Wielands, Goethes und Herders im Park auf, doch verwitterten diese recht schnell. Haltbarer war da das anmutige Denkmal für Corona Schröter, deren Darbietung in »Die Fischerin« für alle Teilnehmer immer unvergessen blieb: Amor füttert mit giftbenetzter Pfeilspitze eine Nachtigall – diese plastische Idee ging natürlich auf Goethe zurück, der, ebenso wie Carl August, diese Sängerin von junonischer Statur lange verehrt hatte. Schließlich kam noch das Rundtempelchen hinzu, das zum Verweilen einlädt, die Urne für Herzog Leopold von Braunschweig, Anna Amalias Bruder, der im Jahr 1785 beim Versuch, Menschen aus dem Hochwasser der Oder zu retten, selbst den Tod gefunden hatte, und das bitterste Memorial: das für den Prinzen Constantin, dem die Mutter sein Tiefurt entzogen hatte. Im Alter von 35 Jahren war er im Feldlager an Typhus gestorben.

44

Goethezimmer
in Schloss Tiefurt

Deutlich wird bei all diesen die Landschaft belebenden gestalterischen Elementen eines: Die Inspirationsquelle waren die Literatur, die Musik, die Erinnerung – hier im Park, beim zweckfreien Auf- und Niedergehen konnte man zurückdenken an teure Verstorbene, an Kunstwerke, ihre Schöpfer und Interpreten. Der Landschaftspark wurde so zum Vehikel der Verinnerlichung allen kultivierten Erlebens.

Eine weitere an Tiefurt geknüpfte Kulturleistung jener Jahre soll zumindest erwähnt werden: Das »Tiefurter Journal«, ein Produkt der Zusammenarbeit adliger wie bürgerlicher Mitwirkender, die alle anonym veröffentlichten. Sogar Anna Amalia wird als Verfasserin vermutet, was jedoch nicht mit Sicherheit nachzuweisen ist. Jedenfalls war die Zeitschrift eine von der Aufklärung inspirierte bunte Mischung, die von banalen Beiträgen bis zu literarischen »Bonbons« wie Goethes Oden »Auf Miedings Tod« oder »Das Göttliche« reichte. In elf Exemplaren per Hand durch Weimarer Gymnasiasten abgeschrieben und verteilt, erschien sie 47 Mal zwischen August 1781 und Juni 1784.

SCHLOSS BELVEDERE

› siehe Seite 142 ff.

Das dritte zu Weimar gehörende Lustschloss, das ebenfalls stark von seiner Einbettung in einen wunderschönen Park lebt, ist Schloss Belvedere, drei Kilometer südlich von Weimar auf einem Hügel gelegen. Belvedere, zunächst 1724/25 – gleichzeitig mit Schloss Ettersburg – auf der »Eichenleite« von Herzog Ernst August, dem Bauwütigen, als einfaches Jagdhaus (Fasanenhaus) errichtet, wurde wenig später durch den Baumeister Johann Adolf Richter als barocker Schlosskomplex geplant. Es entstand ein kreuzförmiger zweigeschossiger Bau mit rustiziertem Sockel, Mansarddach und einem großen begehbaren Dachreiter. Doch damit nicht genug: Als der leicht zu begeisternde Ernst August, dessen Gemahlin kurz nach Fertigstellung des Schlosses verstarb, auf einer »Trostreise« in Wien das dort gerade vollendete Schloss Belvedere sah, verliebte er sich in dieses Gebäude so, dass er beschloss, sein eigenes Jagdschloss durch die zusätzliche Errichtung zweier Uhrenpavillons, die als Kavaliershäuser fungieren sollten, der Struktur von Belvedere anzugleichen.

Schloss Belvedere

Festsaal im Schloss Belvedere

Tischleindeckdich im
Schloss Belvedere

Ernst August beschäftigte sich, wie bereits sein Vorfahr Wilhelm IV., auch mit Architekturzeichnungen, und als er 1728 die Herrschaft übernahm, erweiterte er seine Pläne noch erheblich. Er zog jetzt den jungen Architekten Gottfried Krohne hinzu und entsandte ihn auf eine Reise über Böhmen und Süddeutschland nach Wien, damit er die Bauten der Architektenfamilie Dientzenhofer kennen lernen konnte. Selbst begab er sich nach Versailles und Dresden und studierte dort die Schlossbauarchitektur der jüngsten Zeit. Ergebnisse dieser Reisen waren zwei weitere Kavaliershäuser, sie wurden 1734 fertig gestellt. Daneben gab es ursprünglich die verschiedensten Nebengebäude: Wachhäuser, Stallungen, Remisen, Fasanenhäuser, Volieren, eine Menagerie, die Orangerie, das Gärtnerhaus, das Wirtshaus, das Reit- und das Ballhaus. Ernst August hatte hier 375 Reitpferde und 1100 Jagdhunde unterzubringen, dazu Habichte, Tauben, Auerhähne sowie einen kleinen Zoo mit Büffeln, Rehen, Hirschen, Affen und Meerkatzen. 1800 Tiere lebten in loser Verteilung in einer barocken Gartenlandschaft, von der man heute jedoch so gut wie nichts mehr sieht – lediglich die Orangerie mit ihrem Gärtnerhaus ist ein Relikt dieser herrscherlichen Phantasie, die Realität geworden war.

Es versteht sich, dass auch das erst wenige Jahre alte Ursprungsgebäude, das Fasanenhaus, erneut im Sinne größerer Repräsentation umgebaut werden musste: Üppige Fassadengestaltung und plastischer Schmuck gemeinsam mit einer Farbigkeit, die heute nur teilweise den damaligen Befund wiedergibt, da der aufgemalte plastische Schmuck nicht rekonstruiert wurde, sind die Merkmale dieser »barocksten« Anlage im Umkreis von Weimar. Der gelbe Fassadengrund, die weiß abgesetzten Kranzgesimse, Gurtbänder und gefugten Ecklisenen sowie die rotmarmorierten Pilaster entsprechen dem barocken Status. Das Innere spiegelt gleichfalls im Wesentlichen die Entstehungszeit wider – besonderer Glanzpunkt ist der quadratische Festsaal, den mit stucco lustro verkleidete Pilaster schmücken, deren korinthische Kapitelle einen reichen Architrav tragen. Als Deckenfresko erscheint eine bunte Vogelwelt aus der Hand des Hofmalers Johann Carl Reinthaler. Auch in den Pavillonräumen findet stucco lustro seine üppige Verwendung. Die Ornamentik der Decke, die reiches Groteskenwerk aufweist, im Deckengemälde dann Vasen, Putten und Büsten zeigt, deutet auf die spätere Entstehungszeit (1739/40) dieser Ausstattung. Besondere Erwähnung verdient der Altan, der noch im originalen Zustand erhalten ist. Die Wände hier sind mit Erfurter blauweißer Fayence gefliest. (Für Delfter Kacheln reichte auch der Geldbeutel von Ernst August nicht.) Die große Attraktion in diesem als Speisezimmer genutzten Raum, der jedoch zu klein war für das Anrichten von Speisen, ist das »Tischleindeckdich«, ein versenkbarer Speisetisch, der von den dienstbaren Geistern »im Untergrund« bestückt werden konnte. Auch in Dornburg, Troistedt und Ilmenau ließ Herzog Ernst August in rascher Eile Schlösser errichten – entsprechend unsolide wurde oft gebaut.

Ein weiteres die Stadt prägendes Gebäude, das durch den Fürsten in der Barockzeit als Neubau wiedererrichtet wurde, ist die Jakobskirche. Nach 1535, also der Reformation im Stadtgebiet, wurde die Pfarrstelle für die Kirche eingezogen. Man benutzte sie jetzt als Kornhaus. Doch 1579 erfolgte erneut die Weihe – der städtische Friedhof, der sich zuvor bei der Stadtkirche befunden hatte, war bereits seit 1530 rund um die Jakobskirche angelegt worden und nun sollte dieselbe als Friedhofskapelle dienen. Der Bau war jedoch mehr und mehr dem Verfall preisgegeben und wurde daher Anfang des 18. Jahrhunderts abgerissen. 1712/13 erfolgte der barocke Neubau, den wir auch heute noch vor uns haben (2004/05 wurde der Kirchturm saniert). Das Kirchengebäude ist ein mansardgedeckter hoher Bau mit seitlichen dreigeschossigen Emporen und einem Kanzelaltar. Der Barockstil ist hier, wie meist in Weimar, in seiner strengen Form aufgefasst. Den Entwurf zu diesem Bau lieferte der »Klassizist« unter den Barockarchitekten, der für das Gelbe Schloss, die Ettersburg und später noch beim Goethehaus erwähnte Johann Mützel. Zu Ende führte ihn Christian II. Richter. Mützel, der in Diensten der Herzöge von Jena, Eisenach und Weimar stand, hatte sich zuvor schon bei anderen Kirchenbauten hervorgetan: der Friedenskirche in Jena und der Kreuzkirche in Eisenach. Christian II. Richter war der Sohn des Schlossbaumeisters Johann Moritz Richter. Auch er war fürstlicher Baumeister und als solcher in Weißenfels, Meiningen, Hildburghausen und besonders Coburg-Saalfeld tätig, wo er jeweils die Schlosskirchen plante. Für Weimar wurde er als Architekt des Reithauses erwähnt und außerdem beim Bau des Gymnasiums und der Ilmbrücke in Oberweimar eingesetzt. Die Kirche wurde 1728 Garnisonskirche, nach dem Schlossbrand 1774 dann auch Hofkirche. Besonders anrührend ist das kleine, als Memorial eingerichtete Räumchen der Sakristei. Am 19. Oktober 1806, nach der berühmten Schlacht bei Jena und Auerstedt, die auch in Weimar zahlreiche Plünderungen und Gewalttaten in Privathäusern nach sich zog, ließ Goethe sich hier mit seiner langjährigen Lebensgefährtin und Mutter seines einzigen Sohnes August, Christiane Vulpius, trauen. Dies war ein Dank für ihre mutige Verteidigung seines Hauses und seiner Person im Verlauf der Plünderungen.

Ein Gang über den Jakobskirchhof, der bis zur Eröffnung des neuen städtischen Friedhofs 1818 der einzige Friedhof Weimars war (jedoch mit ungleich größeren Ausmaßen als der jetzige), mag sich anschließen, denn hier finden sich zahlreiche kulturgeschichtlich bedeutsame Grabstätten, nicht zuletzt die der Christiane Vulpius – während Goethes Grab in der Fürstengruft ist. Lange war Christianes Grab der Vergessenheit anheim gegeben, bis es 1888 wiedergefunden wurde. Heute wird es meist mit Blumen geschmückt, was Ausdruck der inzwischen gewachsenen respektvollen Erinnerung an die treue Gefährtin des großen Dichters ist, der man zu ihren Lebzeiten leider des Öfteren nicht gerecht wurde.

Jakobskirche von Innen
mit Kanzelaltar

Aber auch die Gräber des Märchendichters Musäus, des Übersetzers, Verlegers, Redakteurs und Musikers Johann Joachim Christoph Bode, des Italianisten Christian Jagemann, der Schauspielerin Christiane Becker-Neumann und vieler anderer Persönlichkeiten finden sich hier. In der Malergruft der Kirche sind Lucas Cranach d. Ä., Johann Friedrich Loeber, Georg Melchior Kraus (er fiel den napoleonischen Soldaten zum Opfer), Ferdinand Jagemann und die Malerfamilie Rentzsch bestattet. In dem Vorgängerbau des kleinen Gebäudes an der Ostseite des Friedhofs, dem Kassengewölbe, befand sich Schillers erste Grabstätte.

Stadtkirche St. Peter und Paul

STADTKIRCHE
ST. PETER UND PAUL
› siehe Seite 17, 20 ff.

Auch die Stadtkirche St. Peter und Paul erfuhr – und dies ist im Bereich der sakralen Architektur Herzog Ernst Augusts bedeutendste Maßnahme – aufgrund ihrer maroden Situation einen barocken Umbau. Wegen starker Risse in den Gewölbefeldern des nördlichen Seitenschiffs büßte die Kirche 1726 fast alle steinernen Kreuzgewölbe bis auf die im Mittelschiff und im Chor ein. Wenig später wurde auch die Innengestaltung barockisiert. Wiederum war Johann Adolf Richter mit der Sache betraut worden. Er baute Kreuzgewölbe mit parabelförmigem Querschnitt aus Holz ein, die er mit Kalkputz und Stein verkleidete, er verbrachte Stuck in die Seitengewölbe des Chores. In die Decke und zudem in jedes Seitenschiff baute er noch zwei Emporen sowie im Norden eine Hofloge ein. Daraufhin wurden zusätzliche Treppenhäuser notwendig sowie, um die jetzt zu dunkle Kirche aufzuhellen, größere Fenster. Auch die spätgotische Vorhalle mit Gewölbe und den Statuen der Schutzheiligen St. Peter und Paul wurde abgerissen. Stattdessen setzte man zwei neue Portale ein. Die gotische Kanzel wurde schließlich mit vergoldetem Stuck ummantelt. Diesen Raumeindruck wahrte die Kirche bis in die letzten Monate des Zweiten Weltkrieges. Am 9. Februar 1945 trafen jedoch zwei Sprengbomben den Bau, worauf der Turm und zwei Drittel des Daches einstürzten und der Rest des Dachstuhls so verdreht wurde, dass er abgebrochen werden musste. Der Cranachaltar blieb jedoch verschont. 1948 wurde mit der Wiederherstellung der Kirche begonnen. Thomas Mann setzte seinen 1949 erhaltenen Goethepreis in voller Höhe ein, um hier mitzuwirken. Am 14. Juni 1953 konnte die Kirche daher wieder eingeweiht werden. Bei diesem Wiederaufbau fiel die oberste Empore weg, was dem räumlichen Gesamteindruck zugute kam.

Ein letztes Wort zu Ernst August, der 1748, als er starb, einen vollkommen überschuldeten Staat hinterließ, den auch sein Sohn Ernst August Constantin in den knapp zwei Jahren seiner Regierung 1756 bis 1758 nicht sanieren konnte. Die Sparmaßnahmen des kleinen Fürstentums setzte seine Witwe, Herzogin Anna Amalia, fort – entsprechend wurde in ihrer Regierungszeit auch wesentlich weniger und weitaus weniger aufwendig gebaut.

In unmittelbarer Nähe zur Stadtkirche hatte Herzog Wilhelm Ernst 1716 ein Gebäude bauen lassen, das der zum Gymnasium erhobenen Stadtschule zur Heimstatt dienen sollte, das Wilhelm-Ernst-Gymnasium, heute in der Nutzung der Volkshochschule Weimars sowie des privaten Hörfunksenders Radio Lotte. Christian II. Richter gestaltete den diskreten Bau mit der eindrucksvollen zweiläufigen Freitreppe. Das Gymnasium spielte, gerade auch durch die Lehrer, eine wichtige Rolle im kulturellen Leben der Stadt. So wirkten hier Karl August Böttiger, der Verfasser des erst kürzlich rehabilitierten Bandes »Literarische Zustände und Zeitgenossen«, Carl August Musäus, der Märchendichter, Heinrich Voss d. J., Franz Ludwig Passow und Friedrich Wilhelm Riemer, der zunächst Lehrer August von Goethes und Sekretär im Hause Goethe war, 1812 dann als Lehrer und als Bibliothekar ins Gymnasium eintrat, ab 1838 dann Oberbibliothekar wurde. Berühmt geworden ist er durch seine Mitwirkung bei der »Ausgabe letzter Hand« der Werke Goethes und sein eigenes Werk »Mitteilungen über Goethe«, erschienen 1841, das Goethes Lebensabend schildert.

WILHELM-ERNST-GYMNASIUM (ALTES GYMNASIUM)

Es war bereits für die Renaissance festgestellt worden, dass das Bürgertum in einiger Verzögerung den Bauwillen des Hofes (der damals auch die Kirchen und Schulen baute) nachahmte. Dies trifft natürlich auch für die Zeit des Barocks in Weimar zu.

Erwähnenswert als ein Beispiel des Übergangs zwischen adligem und bürgerlichem Baustil ist hier das Haus des seit 1743 als Hausmarschall tätigen Johann Christian von Schardt, Charlotte von Steins Vater. Zwar existierte das Haus bereits in der zweiten Hälfte des 16. Jahrhunderts, ist also durchaus als Renaissancebau zu werten, doch erst die barocke Umgestaltung machte aus ihm das berühmte »Haus voller Bilder«. Hier hatte der Hofmarschall auch Gäste der fürstlichen Familie zu beherbergen, es diente also als ein »adliges Hotel«.

DAS PALAIS VON SCHARDT

Im Obergeschoss haben sich barocke Stuckdecken und ein Deckengemälde erhalten, das möglicherweise von Adam Oeser stammt. Doch das kulturgeschichtlich bedeutendste Bauwerk war der Anbau zur Hofseite, bestehend aus einem schmalen Seitenflügel, einem langen Gang also, der zu einem achteckigen zweigeschossigen Teepavillon im spätbarocken oder Rokokostil führt. Auf der reich verzierten Stuckdecke erkennt man die Allegorien der vier Jahreszeiten, Putten, exotische Vögel, Tiere, Blumen und die schönsten Rokokoornamente. Hier, in diesem Teepavillon, ist er also, der Ort, an welchem sich höchstwahrscheinlich Goethe und Charlotte von Stein kurz nach Goethes Ankunft in Weimar im November 1756 erstmals gegenüberstanden.

Der barocke Umbau hatte den Hofmarschall von Schardt übrigens finanziell ruiniert, das gesamte Vermögen seiner Frau hatte er gleich mit ausgegeben und zudem seine Hofstellung eingebüßt, da Herzogin Anna Amalia Verschwendungs- und Prunksucht hasste und er solcher auch in seinem Dienst frönte. Zum Trost vielleicht oder um die Familie nicht ins Elend zu stürzen, hatte sie die 16 Jahre alte Charlotte als Hofdame aufgenommen. Auch dies war jedoch 1765 bereits Vergangenheit. Charlotte von Schardt hatte nach sechs Jahren Hofdienst den respektablen Oberstallmeister Josias von Stein geheiratet und sieben Kinder geboren, von denen drei Knaben überlebten. Als

Links: Schardt'sches Palais
Rechts: Goethepavillon
im Palais

HAUS DER FRAU VON STEIN
AN DER ACKERWAND

DAS SCHILLERHAUS
› siehe Seite 139

Goethe ihr begegnete – er 26 Jahre alt, sie sieben Jahre älter – glaubte sie, die wesentlichen Stationen ihres Frauenlebens schon absolviert zu haben. Sie lebte in unmittelbarer Nachbarschaft ihrer Eltern im Frankeschen Hof, der an den Kasseturm stößt – heute ist dieses früher repräsentative Anwesen weitgehend verfallen.

Das Haus an der Ackerwand 25/27 bezog Frau von Stein im Jahr 1777, nachdem Goethe selbst den Aus- und Umbau betreut hatte. Der Neubau des schon 1371 als »Stiede« oder Vorwerk bekannten Gebäudes war 1773 erfolgt. Im Untergeschoss barg das Haus Pferdeställe, im Obergeschoss den Wohnsitz des Oberstallmeisters Josias von Stein und des Oberforstmeisters von Wedel. Auch dieses harmonische Barockgebäude weist ein Mansarddach auf, der dreiteilige zweigeschossige Bau hat einen zurückweichenden Mittelflügel und zwei kürzere vorspringende Seitenflügel. Heute ist unter anderem das Goetheinstitut Weimar hier untergebracht.

Eine Voraussetzung für barocke Neubauten in der Stadt, ihre Ausweitung auch über die engen Grenzen des Mauerrings, war die Entfestigung Weimars, die unter Herzogin Anna Amalia 1756 begonnen, doch erst 1826, also nach ihrem Tod, zum Abschluss gebracht wurde. Im Zuge der Entfestigung entstand etwa auch die Esplanade, die heutige Schillerstraße. Der ehemalige Stadtgraben, der hier die Rehmenteiche, Teiche der Färberinnung, aufgenommen hatte, wurde aufgeschüttet. Nach Anna Amalias Willen richtete man eine barocke Parkanlage mit Goldfischteichen und einem Gitter, das nachts geschlossen wurde, ein. Die heutige großzügige Fußgängerzone verdeutlicht sehr gut den Abstand zwischen innerer und äußerer Stadtmauer. Zuerst entstand auf der östlichen inneren Mauerseite eine Bebauung, zu der auch das Schillerhaus gehörte – die übrigen barocken Gebäude auf der Esplanade existieren heute nicht mehr.

Schillerhaus

Schillers Arbeitszimmer

Goethehaus am Frauenplan

Im Grunde besteht das Schillerhaus aus zwei im rechten Winkel zueinander angeordneten Gebäuden, der von der Straße aus verborgenen »Alten Münze«, einem Gebäude aus dem 15. Jahrhundert, sowie dem schlichten spätbarocken Wohnhaus mit der Schauseite zur Schillerstraße, das um 1770 errichtet wurde. Für Schiller, der beide Gebäude 1802 erwarb, war der ausschlaggebende Pluspunkt der damals noch vollkommen freie Blick in die Natur, die Bäume jenseits des früheren Stadtgrabens. Außerdem bot die Ausdehnung des damaligen Grundstücks mit Höfchen, Gärtchen und einer Kegelbahn für die Kinder genügend Platz für die fünfköpfige, bald sechsköpfige Familie und die Dienstboten. Eine Mauer grenzte Schillers Grundstück vom nächsten ab, die Neugasse existierte noch nicht. Schiller lebte hier bis zu seinem Tod am 9. Mai 1805 und verfasste die letzten Dramen »Die Braut von Messina«, »Wilhelm Tell« und das »Demetrius-Fragment«.

Auch das Schillerhaus war durch Bomben im Zweiten Weltkrieg schwer beschädigt worden, wurde jedoch bereits 1946 wieder eröffnet. Anders als das Goethehaus hat es einen einfachen bürgerlichen Zuschnitt – der Dichter hatte sich im obersten Stockwerk eingerichtet, mit Arbeits-, Empfangs- und Schlafräumen. Allein das Arbeitszimmer zeigt heute noch Originalmöbel, die auf Umwegen nach der Aufteilung des Erbes unter die vier Kinder wieder in das Haus gelangten (Schillers Schreibtisch und Bett), die übrigen Räume richtete man mit Möbeln aus der Zeit ein.

DAS GOETHEHAUS
AM FRAUENPLAN

› siehe Seite 80 ff.,
116, 132, 147

Goethes Haus hingegen gehört zwar auch zu den barocken Gebäuden der Stadt, aber zu ihren früheren und luxuriöseren, und es lag zur Entstehungszeit deutlich vor dem Mauerring, vor dem Frauentor, also in der Nähe einer Frauenkirche, die hier wohl einmal stand. Diese Zone war vom Herzog für die Stadterweiterung vorgesehen, doch zunächst blieb das Haus ein Einzelobjekt.

Erbaut hat es wahrscheinlich der vielfach erwähnte Johann Mützel für den Weimarer Strumpfwirker und herzoglichen Kammerkommissar Georg Caspar Helmershausen. Es wurde im Jahr 1709 vollendet, wie eine über der Tür angebrachte Tafel ausweist. Es ist das größte barocke bürgerliche Gebäude Weimars. Zwei Geschosse hat es und schließt mit dem typischen, französisch inspirierten, schiefergedeckten Mansarddach ab. Der Mittelrisalit besteht aus acht Achsen; zwei leicht abgewin-

Seite 55: Gartenansicht des
Goethehauses am Frauenplan

Links: Innenraum mit
Mappenschrank
Rechts: Schlafraum in
Goethes Gartenhaus

kelte Seitenflügel mit jeweils einer Toreinfahrt, die den Hof und die Hintergebäude erschließen, säumen ihn. Gefugte Putzlisenen grenzen die Fassadenteile voneinander ab. Das mittig gesetzte prominente Portal wirkt streng, schmale Fenster rahmen es und ein Dreiecksgiebel krönt es. Der große, hinten bis zur Ackerwand reichende Hausgarten ist erhöht, sodass das Haus von der Gartenseite aus eingeschossig erscheint.

Hätte der Strumpfwirker nur acht Jahre später gebaut, wäre er übrigens einer Vergünstigung des Fürsten teilhaftig geworden, der die Bautätigkeit vor dem Frauentor befördern wollte: durch kostenlosen Baugrund und Baukostenzuschüsse, dazu noch durch eine zehn Jahre währende Steuer- und Abgabenfreiheit für die Bauherren.

Ebenso wie Goethes Frankfurter Elternhaus besteht das Gebäude eigentlich aus zwei Häusern, die zudem zwei Meter Niveauunterschied aufweisen. In der ersten Etage hat das Haus 20 Zimmer, neun Zimmer bietet alleine die Mansarde. Zu ebener Erde wurden die Wirtschaftsräume, in den Dachkammern des Hinterhauses die Unterkünfte für die Bediensteten eingerichtet, in der Remise waren Wagen und Schlitten geparkt. Zusammen mit dem Garten und dem Gartenpavillon wurde das Haus unter Goethe zu einem ihm und seiner Kunst- und Architekturauffassung entsprechenden gesamtkünstlerischen Lebensort im Stile des Klassizismus verändert.

GOETHES GARTENHAUS

Seite 57: Goethes Gartenhaus
im Ilmpark

Ein weiteres Goethe'sches Domizil, das hier der Barockzeit zugeordnet wird, weil in dieser Art 1776 der Umbau des bereits Ende des 16. oder Anfang des 17. Jahrhunderts errichteten Weinberghäuschens erfolgte, ist Goethes Gartenhaus im Ilmpark. Am 22. April 1776, also nur ein knappes halbes Jahr nach seiner Ankunft, erhielt der Dichter das Häuschen von Carl August als Geschenk –

wenige Tage später beantragte er das Weimarer Bürgerrecht und begann mit der Instandsetzung. Er ließ einen Altan anbauen (der schon 20 Jahre später nicht mehr existierte) und war offenbar bereits einen Monat später dort eingezogen, wie ein Brief Charlotte von Steins beweist, die im Mai in Goethes Garten mit ihm »Café« getrunken haben will. Sodann wurden eine neue Treppe eingebaut, das Dach und der Schornstein repariert, die Raumeinteilung korrigiert sowie das Nord- und Westfenster zugemauert (beide wurden außen als »Scheinfenster« aufgemalt). Schließlich ließ er die Räume streichen oder tapezieren. Interessant ist, dass für die damaligen Menschen dieses Haus trotz seiner Nähe zum Schloss und zur Stadt offenbar als ein Ort fernab von allem mitten in der Natur empfunden wurde. So schreibt Charlotte von Stein an ihren Freund Zimmermann: »In Goethes Garten ist die schönste Aussicht, die hier zu haben ist; er liegt an einem Berg und unten ist Wiese, die von einem kleinen Fluß durchschlungen wird.« Die Naturstimmungen in seinem Gartenhaus sind es auch, die Goethe so anziehen und denen er mancherlei Gedichte verdankt, so »An den Mond« und »Hoffnung«, aber auch Teile von »Wilhelm Meisters theatralischer Sendung« und der »Iphigenie«, Entwürfe zu »Egmont« und »Tasso«, später der »Italienischen Reise« sowie von »Wilhelm Meisters Wanderjahren« entstanden hier. Im Garten gab es, so wie später in Goethes Hausgarten am Frauenplan, sowohl Blumen wie Kräuter und Gemüsepflanzungen. Stolz war er auf seinen guten Spargel.

Die Einrichtung des heute als Museum genutzten Gartenhauses, die jahrelang als recht karg und unpersönlich von den Besuchern empfunden wurde, da sie nur aus Originalmobiliar zuzüglich vieler die Restaurierung erläuternder Tafeln bestand, wurde im März 2005 im Sinne stärkerer atmosphärischer Wirkung verändert: Die Tafeln verschwanden, zahlreiche Handzeichnungen Goethes aus den ersten Weimarer Jahren im Faksimile sowie die Porträts der Goethe nahe stehenden Menschen in Weimar hängen jetzt an den Wänden. Der große Sammlungsschrank für Kunstmappen ist ins obere Geschoss zurückgekehrt.

Ein weiteres Gebäude gehört dem Barock an und ist gleichfalls mit Goethes Lebensgeschichte verbunden, das so genannte Große Jägerhaus an der Marienstraße 3. Wenngleich die Anmutung durch den modernisierten Wiederaufbau des mittleren Gebäudeteils nicht mehr die damalige ist (es existierte im Mittelteil über dem Dreiecksgiebel noch ein barocker Dachreiter, doch das mittlere Gebäude wurde im Zweiten Weltkrieg zerstört), soll doch kurz die Bau- und Nutzungsgeschichte repetiert werden: 1732 hatte Herzog Ernst August das Gebäude für die Forstverwaltung errichten lassen. Als Goethe Vater wurde, wies ihm Herzog Carl August 1789 den Nordflügel zur gemeinsamen Wohnung mit Christiane und dem erwarteten Kind an. Vermutet wird, dass die etwas abgeschiedenere Lage den Herzog bewogen habe, den »Stein des Anstoßes«, als welcher die illegitime Beziehung Goethes zur Demoiselle Vulpius galt, hierher »auszusondern«. Erst drei Jahre später schenkte Herzog Carl August Goethe das Haus am Frauenplan. Doch auch in der Folge beherbergte das Jägerhaus illustre Gäste, so etwa den Kaufmann, Kunstsammler und dilettierenden Landschafts-Aquarellisten Charles Gore mit seinen Töchtern Eliza und Emily. Ab 1816 zog dann die Freie Zeichenschule in das Haus ein. 1823 wurde die Malerin Louise Seidler Kustodin der hier untergebrachten Gemäldesammlung und wohnte in der Mansarde. Auch die Medaillenstecherin Angelica Facius, die Maler Ferdinand Jagemann, Friedrich Preller, Bonaventura Genelli und Friedrich Martersteig hatten hier oder in einem damals bestehenden Atelierhaus im Hinterhof ihre Ateliers.

DAS JÄGERHAUS

In der Windischenstraße 23 steht das kürzlich restaurierte Haus, das sich Joachim Kirmß, zunächst Seifensiedermeister, später Ratsherr, 1712/13 erbauen ließ. 1827 übernahm die Familie Branco, die gleichfalls die Seifenherstellung betrieb, das Gebäude. Es gehört mit seinem im Mittelrisaliten auch die Mansarde betonenden Giebelaufbau und seinem reichen Brüstungsschmuck und den Lisenen zu den prächtigsten barocken Bürgerhäusern Weimars. Auch das Haus Windischenstraße 10 ist ähnlich aufwendig gestaltet. Man muss sich übrigens vorstellen, dass bis in das Jahr 1757 ein Seitenarm des Lottebachs offen durch diese Straße floss.
Ein weiteres schönes barockes Bürgerhaus ist das Haus mit Palme in der Schlossgasse 4, das 1728 errichtet wurde (1974/75 original rekonstruiert). Johann Gottfried Herder hatte hier eine seiner Arbeitsstätten, denn das Haus war der Sitz des Oberkonsistoriums, dem Herder vorstand.

BAROCKE BÜRGERHÄUSER IN DER ALTSTADT

Im Jahre 1701 erwarb der wohlhabende Weimarer Bürger Johann Joachim Kirms das im vorigen Kapitel erwähnte Anwesen in der Jakobstraße (Kirms-Krackow-Haus) und erweiterte den Renaissancebau: Mit seinen jetzt errichteten Hintergebäuden, dem Treppenturm und den umlaufenden Galeriegängen macht es einen sehr anheimelnden und zugleich großzügigen Eindruck. Kirms ließ das Haus aufstocken, die Fassade in barocker Weise umgestalten und einen Brunnen anlegen. Der Garten mit dem Pavillon geht gar erst auf die Zeit ab 1750 zurück.
Im klassischen Weimar spielte die Familie Kirms eine wichtige Rolle, gelegentlich verkehrten auch Anna Amalia, Wieland und Herder hier. Heute ist das Haus ein Museum der bürgerlichen Wohn-

KIRMS-KRACKOW-HAUS

Hof des Kirms-Krackow-
Hauses mit hölzerner Galerie

kultur um 1800, die hier versammelten originalen Möbel und Einrichtungsgegenstände dokumentieren auch den hohen Stand des Kunsthandwerks im klassischen und nachklassischen Weimar.

MUSÄUSHAUS
› siehe Seite 28

Den Abschluss bildet das restaurierte spätbarocke Musäushaus am Kegelplatz 4. Das in der zweiten Hälfte des 18. Jahrhundert erbaute, maßvolle, gemütlich wirkende Bürgerhaus war der letzte
Wohnsitz des lange in ärmlichen Verhältnissen in der Seifengasse lebenden Dichters und Professors
am Gymnasium, der immer zu Diensten war, wenn Anna Amalia ihn für ihr Liebhabertheater
brauchte. Schließlich hatte er mit den »Volksmärchen der Deutschen« einen großen Wurf getan,
sodass er 1783 in das Haus am Kegelplatz umziehen und sich zudem seinen größten Wunsch, einen
eigenen Garten jenseits der Ilm am Rothäuser Berg erfüllen konnte.

GARTENANLAGEN
› siehe Seite 20, 67

War eingangs darauf hingewiesen worden, dass Weimar bereits zur Barockzeit eine ausgeprägte
Gartenkultur besaß, so ist doch von den barocken Parkanlagen nichts erhalten. Die Überformun-

Musäushaus

gen, Ausweitungen und Gestaltungen des 18. und auch 19. Jahrhunderts haben diesen frühen Gartenstatus verdrängt. Auf die Esplanade wurde hingewiesen ebenso auf den Garten am Stern. Wichtig war auch der so genannte Welsche Garten oder Lustgarten am Französischen Schlösschen, eine Renaissanceparkanlage, und das sechs Hektar große, ebenfalls mit dem Namen »Welscher Garten« bezeichnete Gelände südlich der Ackerwand, das von der heutigen künstlichen Ruine über das Tempelherrenhaus zum Archivgebäude inklusive Beethovenplatz bis zur Marienstraße reichte. Dieser Welsche Garten ist der Ausgangspunkt des sich zu Goethes und Carl Augusts Zeit entwickelnden englischen Landschaftsparks, unseres heutigen Ilmparks.

Goethes Weimar – die Bauten des Klassizismus

Der Klassizismus in der Architektur deckt sich zeitlich mit der Epoche, die wir gewöhnlich als »Weimarer Klassik« bezeichnen. In der Person Goethes, der gemeinsam mit Schiller der Protagonist dieser Epoche war, findet sich auch das Bindeglied zum Klassizismus. Goethe war es, der über seine theoretische Beschäftigung mit der Kunst der Antike und ihres Aufgriffs in der Renaissance, durch seine Kontakte zu den unterschiedlichsten Architekten und besonders durch seine Reise nach Italien eine »neue« Auffassung vom Bauen entwickelte und diese über die Architekten, die er beeinflusste, realisierte. Es ergibt sich hier also ein vielleicht singulärer Fall: Die stilbildende Wirkung geht von dem wichtigsten Dichter der Weimarer Klassik aus, der wiederum international bedeutendsten Epoche deutscher Literatur überhaupt. Es wird zu zeigen sein, wie reich auch der bauliche Klassizismus in und für Weimar gewesen ist, denn man kann mit Recht die Auffassung vertreten, dass die Stadt mit dem Klassizismus ihren architektonischen Gipfelpunkt erreichte. Daher ist es angebracht, die verschiedenen Schritte, die bei Goethe zu dieser Entwicklung führten, kurz nachzuzeichnen.

Man kann den jungen Goethe dem Kreis äußerst profilierter bürgerlicher Intellektueller zuordnen, die sich den Aufklärungsidealen verschrieben: Kant, Klopstock, Lessing, Winckelmann, Herder und Wieland, um nur die wichtigsten zu nennen. Sie beschäftigten sich jeweils auf unterschiedlichen und zum Teil sich überschneidenden Terrains mit Theorien, die starke emanzipatorische Wirkung besaßen. Sie rezipierten die in Frankreich durch Voltaire, Montesquieu, Diderot, Rousseau und andere entwickelten ästhetischen, literarischen und erkenntnistheoretischen Lehren. Es unterschieden sich lediglich die Wege, die von den Lehren ausgehend beschritten wurden. In Frankreich führte der Weg direkt in die Revolution, in Deutschland versuchten die Intellektuellen, sich mit der Feudalmacht zu arrangieren. Ein solcher Ausgleich wurde im Herzogtum Sachsen-Weimar-Eisenach vorbildlich durch die Allianz Carl Augusts mit dem damaligen Stürmer und Dränger Goethe erreicht. Für all diese bürgerlichen Intellektuellen war das Altertum, wie schon zur Zeit der Renaissance, die vorbildhafte Epoche schlechthin. Man glaubte, in ihr Werte wie Demokratie, bürgerliche Würde, Natürlichkeit, menschliches Maß, Zweckmäßigkeit und Dauerhaftigkeit ideal vorzufinden und wünschte, die neue Zeit durch die Vermittlung dieser Werte und Kunstauffassungen zu beleben. Dieser Versuch beschränkte sich nicht nur auf die Philosophie, sondern griff auf die Literatur, die bildende Kunst und die Architektur über.

Die nördlich der Alpen spät erfolgte Hinwendung zu Palladio war hierbei eine Vorstufe, die auch Goethe auf seiner Italienreise mit vollzog. In der Tat kam sein Entschluss dazu aus einer Krise, getragen von einem Gefühl des kreativen Vakuums und der Überlastung durch administrative Pflichten sowie dem Wunsch, sich aus der Beziehung zu Charlotte von Stein zu lösen, zeitigte aber sehr positive Wirkungen nicht nur für ihn selbst, sondern auch für Weimar.

In Verona sah er die antike Arena und war beeindruckt. Er schrieb in der »Italienischen Reise«: »Das Amphitheater ist also das erste bedeutende Monument der alten Zeit, das ich sehe, und so gut erhalten! Als ich hinein trat, mehr noch aber, als ich oben auf dem Rande umher ging, schien es

Seite 63: Junozimmer im Goethehaus am Frauenplan

mir seltsam, etwas Großes und doch eigentlich nichts zu sehen ... Die Simplizität des Oval ist jedem Auge auf die angenehmste Weise fühlbar und jeder Kopf dient zum Maße, wie ungeheuer das Ganze sei ...« Dann erreichte er Vicenza und traf dort zum ersten Mal auf ein Bauwerk des Palladio, das Olympische Theater, entstanden im Todesjahr des Architekten 1580. Sofort begriff Goethe, dass diese Architektur bedeutend war, sofort suchte er die anderen Palladiobauten Vicenzas auf, erstand im Faksimile die »Quattro libri dell'architettura« des Meisters, die weniger durch ihre recht kurzen Texte, vielmehr durch die Auf- und Grundrisse aller Bauten, die Palladio entwickelte, zum produktiven Weiterdenken auffordern. Am 19. September, schon planend, auch in Venedig auf Palladios Spuren zu gehen, schrieb er: »Wenn man diese Werke gegenwärtig sieht, so erkennt man erst den großen Wert derselben, denn sie sollen ja durch ihre wirkliche Größe und Körperlichkeit das Auge füllen, ... und so sag' ich vom Palladio: er ist ein recht innerlich und von innen heraus großer Mensch gewesen ...«

Insbesondere würdigte Goethe die Hauptproblematik, die Palladio meisterhaft gelöst hatte, nämlich die Frage der Verbindung zwischen Mauern und Säulen. Doch begegnete er auf seiner Italienreise – anders als etwa Winckelmann, der ausschließlich die römische Antike kennen lernte – auch Werken der griechischen Antike (in Agrigent und Segestum auf Sizilien). Diese gesammelten Erfahrungen sollten große Wirkkraft bei ihm haben, und seine Begeisterung schwappte nach der Rückkehr nach Weimar 1788 sogleich auf den Herzog über: Goethe sollte nun bei unterschiedlichen Bauaufgaben helfen. Ab sofort gehörte die Beschäftigung mit Architektur in Theorie und Praxis zu seinem Alltag. Er bemühte sich dazuzulernen, sammelte Bücher zu den einschlägigen Themen und korrespondierte mit Architekten – dies soll deutlich machen, dass er nicht, wie beispielsweise viele architekturbegeisterte Menschen in England, beim Palladianismus stehen blieb. Im Gegenteil: Für ihn war es interessant, sich darüber hinaus mit den avantgardistischsten Architekturvorstellungen auseinander zu setzen und sich mit den jüngeren Architekten, die gerade erst aus Rom oder Paris zurückgekommen waren, zu unterhalten oder diese nach Weimar zu ziehen. Erst gegen 1815 wurde dieses Bedürfnis, »mit der Zeit zu gehen«, bei Goethe schwächer, verfestigte sich sein »Ideal«.

Schon vor seiner Italienreise war Goethe darauf aus, auch die neueren Entwicklungen der Architektur in Deutschland wahrzunehmen: Da gab es den Dresdner Kreis, in dem sein früherer Lehrer Adam Friedrich Oeser und Johann Jakob Winckelmann verkehrten, da war Berlin, wo Friedrich II. gemeinsam mit seinem Baumeister von Knobelsdorff neue Wege ging, da lockte schließlich auch Kassel mit seinem Museum Fridericianum, errichtet von 1769 bis 1779, das bereits den Prinzipien des Klassizismus verpflichtet war. Goethe besuchte Kassel insgesamt viermal, zweimal vor und zweimal nach der Italienreise – sicher von Studienabsichten motiviert. Ebenso diente die Reise nach Wörlitz Lernzwecken: Goethe und Carl August besichtigten hier 1776 und 1778 einen neuen Typus von Landschaftspark (angelegt 1769 bis 1773), den sie in abgewandelter Form auch in Weimar verwirklichen wollten. Plötzlich galt es als »unnatürlich«, einen Garten in ein architektonisches Korsett zu zwingen, wie es die Barockgartengestalter in Nachfolge von Le Nôtre getan hatten. Das neue Gartenideal war die sich natürlich ergebende Abwechslung zwischen Wiesen, Baumgruppen, Wegen, Wasserläufen und Teichen. Auf den Bildern von Nicolas Poussin und Claude Lorrain waren solche Gartenlandschaften zu sehen. Auch die Exotikbegeisterung und die Vorliebe für Schauerromantik wurden in diese neuen Vorstellungen vom idealen Garten integriert, sodass bald die chinesische Pagode neben der künstlichen Ruine oder dem Fragment des antiken Tempels zu stehen kam.

Bertuchhaus

BERTUCHHAUS, HEUTE:
DERZEIT GESCHLOSSENES
STADTMUSEUM

Bevor wir zu den Bauwerken des Hochklassizismus kommen, muss ein Weimarer Gebäude erwähnt werden, das eindeutig den Prinzipien des Frühklassizismus verpflichtet ist und interessanterweise weder zur höfischen noch zur kirchlichen Sphäre gehörte, sondern im Auftrag und nach den Vorstellungen eines äußerst vielseitigen »Frühkapitalisten«, aber auch Übersetzers, Schöngeists, Verlegers, herzoglichen Schatulliers, Geheimsekretärs und Parkbeauftragten gebaut wurde: das Haus des Friedrich Justin Bertuch. 1747 in Weimar geboren, machte Bertuch eine beispielhafte Karriere und bewies große unternehmerische Weitsicht und Flexibilität. Er erwarb im Zuge der Stadtentfestigung 1777 den herzoglichen Baumgarten vor den Toren der Stadt zwischen der Jakobsvorstadt und der Schwanseewiese in Erbpacht – heute liegt das Anwesen im Stadtzentrum. Von 1780 bis 1782 ließ Bertuch durch den fürstlichen Baukontrolleur Johann F. R. Steiner den ersten, nördlichen Teil seines Hauses erbauen, von 1800 bis 1802 folgten unter Christian H. Schlüter der Mittelbau und der Südflügel sowie mehrere Anbauten als Wagenremisen und Arbeitsräume für seine beiden Hauptunternehmen, das Landes-Industrie-Comptoir und das Geographische Institut. In der Mansarde des Haupthauses unterhielt überdies Bertuchs Frau Caroline eine Manufaktur zur Herstellung künstlicher Blumen, in der auch Christiane Vulpius tätig war, als sie Goethe kennenlernte. Wenn daher von Frühklassizismus gesprochen wird, so meint dies den nördlichen Teil des Gebäudes, das in Weimar Furore machte. So schrieb Schiller am 18. August 1787 an Christian Gottfried Körner: »Bertuchen habe ich kürzlich besucht. Er wohnt vor dem Thore und hat ohnstreitig in ganz Weimar das schönste Haus. Es ist mit Geschmack gebaut und vortrefflich moeubliert, hat zugleich, weil es doch eigentlich nur ein Landhaus seyn soll, einen recht geschmackvollen Anstrich von ländlicher Natürlichkeit. Nebenan ist ein Garten.«

Eingangshalle des Bertuchhauses mit Treppenhaus

Damit sind die entscheidenden Punkte genannt: die Verbindung von urbaner und ländlicher Architektur in elegantem Stil und die Einbettung in eine großzügige Gartensituation, die keineswegs
einen bloßen Nutzgarten meint, sondern einen Park, der dem Lebensgenuss dient. Man hat hier für
Weimar das erste nachweisbare Beispiel eines bürgerlichen Bauherrn vor sich, der vergleichbar den
Fürsten die nötigen Kenntnisse besaß, um dem Architekten sachdienliche Vorgaben zu machen. Eine
stark horizontale Linienführung bei der Fassadengestaltung kennzeichnet den Frühklassizismus. Bei
den später entstandenen Gebäuden wurde Rücksicht auf das ältere Gebäude genommen. So plante
man einen repräsentativen Mittelbau und südlich davon ein Pendant zum Nordteil sowie die drei
Komplexe verbindenden niedrigeren Zwischenbauten. Ein durchgehendes System von Korridoren
macht die Erschließung des gesamten Gebäudes möglich. Die beiden Seitengebäude weisen das
schon im Barock übliche Mansarddach auf. Der Mittelbau ist indes eindeutig dem Klassizismus verpflichtet und sein vorspringender dreiachsiger Mittelrisalit mit den vier ionischen Kolossalpilastern
trägt ein Dreiecksgiebelfeld mit Bertuchs selbstgewähltem Wappen – deutliches Zeichen für das
erstarkte bürgerliche Selbstbewusstsein: ein Bienenkorb und zwei Füllhörner mit Blumen. Dieses
Symbol war auch sein »Firmenlogo«, wie man heute sagen würde. Die gesamte Gebäudefront geht
über 31 Achsen. Es ist ein wahrhaft großzügiges Gebäude, dessen Innenausstattung durchaus mit
dem äußeren Anspruch mithalten kann. Speziell der Eingang und das Treppenhaus mit Wandnischen,
in die von Klauer angefertigte Gipsabgüsse antiker Plastiken eingebracht wurden, die im Zuge von
Winckelmanns Paestum-Beschreibungen nun zum »Muss« gewordenen dorischen Säulen und die
übrige Wand- und Deckenausstattung lassen durchaus Vergleiche mit dem Residenzschloss zu, das
zur gleichen Zeit wie der zweite Bauabschnitt des Bertuchhauses ausgestattet wurde.

Tempelherrenhaus

Der Herzog hatte in Zusammenarbeit mit Goethe schon 1777 begonnen, im Ilmpark die Prinzipien des Landschaftsparks nach Wörlitzer oder englischem Muster zu verwirklichen. Gleich der ersten Aktion, der Niederlegung der Mauer um den Welschen Garten, kam symbolische Bedeutung zu, da ein englischer Garten natürlich von keiner Mauer umzäunt sein durfte, war die Natur doch der Ort der Freiheit, der Natürlichkeit, die im Gegensatz zu Stadt- und Hofleben stand, wo man mit gebührenden Formen und in angemessener Kleidung auftreten musste. Im Park wurden zunächst Eingriffe von rousseauschem oder empfindsamem Charakter ins Werk gesetzt. So entstand ein romantisches Plätzchen zur Erinnerung an den Freitod der unglücklich Liebenden Christel von Laßberg, die im Januar 1778 mit dem »Werther« in der Hand in die Ilm gesprungen war. Ihr widmete Goethe die Anlage der Felsentreppe (auch »Nadelöhr« genannt).

NEUGESTALTUNG

DES ILMPARKS

› siehe Seite 20, 60 f.

Römisches Haus

Seite 69: Durchblick aus dem Untergeschoss des Römischen Hauses in den Park

Im Sommer 1778, ein knappes halbes Jahr später, entstand anlässlich des Namenstages der Herzogin Luise das »Luisenkloster«, eine strohgedeckte Hütte, die sich an ein erhaltenes Gartenmauerstück und ein altes Pulvertürmchen lehnte, das zum Glockenturm umgedeutet wurde – in der Folge nutzte Carl August das umgebaute Häuschen, fortan bis heute unter dem Namen »Borkenhäuschen« bekannt, als Refugium für sich selbst. Der Herzog verfolgte das Ziel, eine durchgehende Parklandschaft bis nach Oberweimar zu gestalten. Daher wurden etliche Wiesen und Weiden aufgekauft, Bäume gepflanzt, Teiche und Gräben zugeschüttet, Nebengebäude des Schlosses, so das Fischerhaus, abgerissen, weiß gestrichene Bogenbrücken im chinesischen Geschmack angelegt, drei Säulen in der Gegend des Rothäuser Berges malerisch deponiert, die die Überreste eines antiken Tempels vortäuschen sollten, und schließlich ein zeittypisches »Gotisches Haus«, das heutige Tempelherrenhaus, errichtet. Natürlich erhielten jetzt auch die Bürger Zugang zu diesem immer größer werdenden Park (1830 hatte er seine größte Ausdehnung erreicht), wenngleich sich Adel und Bürgerliche bei ihren Spaziergängen immer in separierten Gruppen bewegten. All diese architektonischen »Parkzugaben« besaßen jedoch keinerlei klassizistische Merkmale, sondern entsprachen der empfindsamen Naturauffassung. Dies änderte sich radikal nach Goethes Rückkehr aus Italien.

DAS RÖMISCHE HAUS

Schon als Goethe die Italienreise antrat, begleitete ihn die Bitte des Herzogs, Ideen und Zeichnungen für den Bau eines Landhauses im italienischen Stil, das das Borkenhäuschen ersetzen sollte, mitzubringen – und dieses Projekt kann letztlich als der Ausgangspunkt der hochklassizistischen Architektur in Weimar angesehen werden. Es fanden sich tatsächlich in Goethes Reiseskizzen Blätter, die schon wichtige Merkmale des später entstandenen Römischen Hauses aufwiesen. Insgesamt ähnelten diese Skizzen in ihren Hauptmerkmalen dem palladianischen Villentypus. Zu den wichtigen Begegnungen in Italien gehörte aber auch die mit dem Hamburger Architekten Johann August

68

Arens im Jahr 1787. Goethe schätzte diesen Adepten der klassischen Baukunst, der alle antiken Gebäude eigenhändig vermaß, und versuchte ihn wenig später nicht nur für das Römische Haus zu gewinnen, sondern wollte ihn vor allem mit dem projektierten Wiederaufbau des Residenzschlosses betrauen.

Der Theorie Palladios entsprechend sollte das Haus sich ganz seiner natürlichen Umgebung anpassen. Der vorgesehene Bauplatz war ein Hanggrund, von welchem man einen schönen Blick auf die Ilm und den Park, besonders aber auch auf Goethes Gartenhaus hat. Vorbild für den Bau war ein sowohl zur griechischen wie zur römischen Zeit beliebter Tempeltyp, der Prostylos, den auch Palladio des Öfteren für seine Villenbauten einsetzte. Der Prostylos hat einen wuchtigen Unterbau mit flachem Satteldach, der auf einen rustizierten Sockel gestellt ist. Wichtig war die Frage des Zugangs, der über zwei an beiden Seiten des Gebäudes den Hang erklimmende Treppen möglich wurde. Goethe hatte schließlich die Idee, mit Hilfe verschiedener architektonischer Tricks (unterschiedliches Mauerwerk, unplausible dorische Säulen, das für die offene Halle zu groß geratene Brunnenbecken) die Illusion zu schaffen, das Gebäude sei an Stelle eines hier früher bestehenden – antiken – errichtet worden. Diese Art, neue Bauwerke auf den Resten antiker oder unter Einbeziehung vorhandener Reste zu bauen, kannten Goethe und Arens natürlich auch aus Italien. Doch neben den äußeren Aspekten war etwas anderes wichtig und auch dies ist eine Lehre, die der Rationalist Arens mit Goethe teilte: Das Römische Haus sollte vor allen Dingen praktisch genutzt werden können und auf keinen Fall zu aufwändig ausgestattet sein. Im Inneren – Christian Friedrich Schuricht war aus Dresden berufen worden – wurden bemerkenswerte Details eingearbeitet. Der nach dem Vorbild antiker Arbeiten gefertigte Boden aus Sandstein, Alabaster und schwarzem Schiefer im Vorraum ist zwar nicht mehr vorhanden, wohl aber überdauerten die Reliefs und Medaillons über den Türen und an den Wänden des Blauen Zimmers, das Basrelief als Supraporte sowie weitere Reliefmedaillons im Gelben Zimmer, die ionischen Säulen mit Volutenkapitellen sowie die Ausgestaltung des westlichen Giebelfeldes, die allerdings 1819 durch Arbeiten des Bildhauers Johann Peter Kaufmann ersetzt wurde. Er fügte einen geflügelten Genius, flankiert von den Allegorien der Kunst und Wissenschaft bzw. des Acker- und Gartenbaus, ein. Auch Johann Heinrich Meyer entwarf und kopierte zahlreiche Gemälde, so »Den Genius des Ruhms«, der ab 1805 in der Herzogin Anna Amalia Bibliothek als Deckengemälde des Rokokosaals eingebracht und leider ein Opfer der Brandkatastrophe vom 2. September 2004 wurde. Speziell im unteren Durchgang arbeitete Meyer al fresco, z. B. nach Giulio Romano.

Gegen die ursprüngliche Abmachung hatte der Herzog für die Inneneinrichtung wesentlich mehr Geld ausgegeben als Goethe veranschlagt hatte. Insbesondere die kostbaren Seidentapeten und Sesselbezüge, die er anbringen ließ, waren dem einem Landhaus angemessenen Gebrauch gar nicht zuträglich. Der Herzog zog am 26. Juli 1797 in das Römische Haus ein – Goethes Kommentar lautet, es sei »zu schön, um mit Bequemlichkeit drinnen wie zu Hause seyn zu können«.

Als Goethe im November 1775 nach Weimar kam – in die wesentlich noch mittelalterlich geprägte Stadt, die nur leicht von Renaissance- und Barockbauten durchschossen war – fand er die Ruine des im Jahr zuvor abgebrannten Schlosses der Baumeister Bonalino und Richter vor. Lediglich die Bastille und der Schlossturm waren verschont geblieben, bei allen übrigen Bauteilen standen zwar die Außenmauern, das Innere jedoch war weitgehend zerstört worden. Am schlimmsten war der Zustand des Ostflügels. Fürs Erste waren lediglich Abdeckungs- und Sicherungsmaßnahmen durchgeführt worden.

DER WIEDERAUFBAU DES RESIDENZSCHLOSSES, OST- UND NORDFLÜGEL

› siehe Seite 11 f., 18 ff., 31 ff., 85 ff.

Residenzschloss von Osten

Im Sommer 1788, nach Goethes Rückkehr aus Italien, entschied sich Carl August für den Wiederaufbau des Schlosses. 1789 setzte er eine fünfköpfige Baukommission unter der Oberaufsicht Goethes ein. Dieser schlug vor, einen auswärtigen Architekten hinzuzuziehen, den genannten Freund aus italienischen Tagen, Johann August Arens.

Arens versprach, wegen der prekären Finanzlage die noch erhaltenen Strukturen in den Neubau einzugliedern, was dazu führte, dass der am wenigsten zerstörte Nordflügel in seiner Raumaufteilung relativ unverändert fortbestehen sollte. Doch lediglich bis zum Juni 1791 wirkte Arens beim Wiederaufbau mit. Zwar lieferte er ein Jahr später noch eine genaue Grundrissplanung ab, wurde aber in Weimar nicht mehr gesehen. Seine Pläne jedoch wurden sukzessive bis 1797 ins Werk gesetzt: Vom runden Louisenzimmer angefangen, das im Südosten liegt, bis zu den wesentlich später für Maria Pawlowna im Westen eingerichteten Salons stammt die gesamte Konzeption der Grundrisse von ihm. Das trifft auch auf den von der Sternbrücke aus besonders eindrucksvoll wirkenden Eingangsbereich zu. Arens setzte auf die Pavillonbauten des 17. Jahrhunderts eine vereinheitlichende Säulenkonstruktion und brach drei Rundbögen in das mit rustizierendem Mauerwerk gestaltete Erdgeschoss, wodurch der Mittelbau zusätzlich betont wurde. Damit kamen auch die Anregungen Palladios zur Geltung: toskanische Säulen auf Piedestalen sowie ein Thermenfenster im Obergeschoss.

Zeitgleich zur Umbauaktion erschien Goethes Aufsatz »Zur Baukunst«, in dem er seine italienischen Erfahrungen verarbeitet und besonders dem Kapitel der Piedestale oder Säulenbasen große Aufmerksamkeit schenkt. Beim Schlossbau wurde speziell im Durchgang des Erdgeschosses der Ostseite dieses durch Palladio vermittelte Thema baulich umgesetzt. Weitere Veränderungen folgten: Der Aufritt wurde herausgenommen und auch die Kirche sollte nicht mehr an ihrem ursprünglichen Ort verbleiben, denn Arens brauchte Platz für sein großes Treppenhaus und um den Festsaal ausgewogener zu proportionieren. Den Rittersaal im Nordosten unterteilte er in mehrere kleinere Räume, hier sollten die Kinder der Herzogsfamilie wohnen, während Herzogin Louise am Platz der früheren Kirche und Carl August im zweiten Obergeschoss die Wohnräume erhielten. Alle Dachaufbauten entfielen zugunsten einer ausgewogeneren Ansicht. Ein flaches Walmdach und ein starkes Gesims vereinheitlichten den Bau, während die Außenfassade in der von Bonalino geprägten Weise erhalten wurde.

Die gesamte Zeit zwischen Arens' Weggang 1792 und der weitgehenden Vollendung des Römischen Hauses im Jahr 1797 wurde zwar nach Arens' Plänen gearbeitet, jedoch ohne die Leitung eines Architekten. Ohne den großen Einsatz Goethes, der sich selbst bautechnische Detailkenntnisse aneignete, wäre der Umbau nicht möglich gewesen. Dies also ist das zweite für Weimar belegte Beispiel, bei dem ein bürgerlicher »Dilettant« die Rolle übernimmt, die in früheren Zeiten der ausgebildete Fürst innehatte, nämlich die des vorschlagenden und bestimmenden Bauherrn. Carl August delegierte alle das Schloss betreffenden Bauvorhaben in der Überzeugung, dass Goethe die Aufgabe besser lösen werde als er selbst.

Neben der praktischen Arbeit sollen auch Goethes theoretische Bemühung um Kunst und Baukunst sowie allgemeine Ästhetik in diesen Jahren nicht unerwähnt bleiben, da sie in unmittelbarer Wechselbeziehung zu seinen Vorschlägen und Eingriffen stehen. 1789 erschienen im »Teutschen Merkur« das »Material der bildenden Kunst«, daraufhin »Einfache Nachahmung, Manier, Stil«, sodann »Von Arabesken, Über die bildende Nachahmung des Schönen nach K. Ph. Moritz« und »Über Christus und die zwölf Apostel nach Raffael«. 1790 veröffentlichte Goethe das erste Stück der »Beiträge zur Optik«, das in die Farbenlehre integriert werden sollte, 1793 entstand »Die Lehre der farbigen Schatten«, 1796 dann seine Übersetzung der Autobiografie Benvenuto Cellinis, 1797 schließlich, nach Kontakt mit dem Kunsthistoriker Aloys Hirt, der berühmte »Laokoon-Aufsatz«.

Als Goethe im Juli desselben Jahres 1797 eine längst geplante süddeutsche Städtereise antrat – es interessierten ihn vor allem die neuen Schlossbauten in Stuttgart und Hohenheim – nutzte er die Gelegenheit, mit dem Stuttgarter Maler und Architekten Professor Nikolaus Friedrich Thouret in Kontakt zu treten, und das nicht ohne ihm bereits bestimmte Dekorationsideen für Schloss und Römisches Haus vorzulegen, denn Arens' Entwürfe waren abgearbeitet und es mussten Pläne für

72

die Innenausstattung herbei. Thourets Antwort entsprach ganz Goethes Vorstellungen: Es gehe nicht um die Gestaltung einzelner Zimmer, sondern um deren Abfolge, die immer im Sinne einer Steigerung vom Würdigen eines Vorzimmers etwa zum Prächtigen eines Audienzzimmers usw. zu erfolgen hätte. Dieses Prinzip der Abfolgengestaltung je nach Nutzung einer Raumfolge sollte fortan die Innenausstattung des Schlosses entscheidend tragen.

Im Mai 1798 traf Thouret in Weimar ein und blieb bis Oktober. Als »Probearbeit« entwarf er das runde Louisenzimmer mit seinen großen Wandflächen aus »Jenaischem Alabaster«. Dieses Zimmer kam nach seinen Plänen vollkommen zur Ausführung. Ergänzt wurde die blaue Fassung durch Stuckwerk und einen von Johann Heinrich Meyer gestalteten Fries, der Szenen über die Wechselfälle des Lebens darstellt. Insgesamt machte er Entwürfe für die Räume der Herzogin Louise und das Speisezimmer sowie für die Privaträume Carl Augusts, doch wurden sie von Heinrich Gentz, der nach Thourets zweitem Aufenthalt (1799/1800) im Jahr 1801 den halbfertigen Bau übernahm, nicht in allen Fällen ausgeführt. Zumindest erwähnt werden sollte, dass Thouret daneben 1798 das Weimarer Hoftheater im Inneren umbaute. 1825 fiel dieser Bau allerdings einem Brand zum Opfer. Dass Thouret sich darüber hinaus mehr mit Arbeiten für seinen eigenen Landesfürsten befasste als mit dem Weimarer Schlossbau, nahm Goethe verärgert zur Kenntnis und griff interimistisch erneut auf den bewährten Heinrich Meyer zurück.

Die Zeit drängte, denn die Heirat des Thronfolgers Carl Friedrich mit der russischen Zarentochter Maria Pawlowna war für 1803 beschlossen worden und die Großfürstin musste in ein ihren Ansprüchen gemäßes Schloss einziehen können. Entsprechend der Absicht, auch für die Endphase des Innenausbaus einen avantgardistischen Architekten einzusetzen, wendete sich Carl August auf Goethes Wunsch im Herbst 1800 bewusst nach Berlin, dem Zentrum der neuesten Bauentwicklungen. Und er hatte Erfolg: Als Schwager Friedrich Gillys, der wiederum Sohn des berühmten Architekten David Gilly war, hatte der junge Heinrich Gentz schon einen gewissen Ruf und gehörte einem Kreis Architekten an, zu welchem auch der junge Schinkel zählte. Gegenüber Thouret, der stark am französischen Geschmack geschult war, besaß Gentz ein weitaus klassischeres, dem griechischen Ideal nacheiferndes Form- und Farbbewusstsein. Er kannte Paris, Italien und England und hatte die griechischen Tempel auf Sizilien eigenhändig vermessen. Stuckarbeiten lehnte er zugunsten von Wandbespannungen, Tapeten und Wandmalerei eher ab.

Gentz war im Dezember 1800 zum ersten Mal in Weimar und äußerte sich nach vielen Besichtigungsgängen durch das Schloss schriftlich über das weitere Bauvorhaben. Schon im Frühjahr 1801 legte er die Entwürfe für das Treppenhaus und das erste Geschoss vor. Es handelte sich um vier Hauptbereiche, in denen sich dieser Architekt im Residenzschloss verwirklichte: zuallererst in den für Maria Pawlowna vorgesehenen Appartements im so genannten kleinen Nordwestflügel, die noch 1801 begonnen wurden. Während hier fast alle Räume schon zu Zeiten Maria Pawlownas oder später eine Veränderung erfuhren, ist das Gesellschafts- oder Zedernzimmer so erhalten, wie Gentz es geplant hatte. Der Name sagt es, Zedernholz kommt hier in der Wandtäfelung, poliert bis in die Tür- und Fensterhöhen, zum Einsatz, wobei einzelne rechteckige Aussparungen gemacht wurden, in die später Bilder und Spiegel eingelassen werden sollten. Über Türhöhe zieht sich ein breites stuckiertes Mäanderband, darüber befinden sich jeweils hellblaue Tafeln mit weißem Rankenrelief. Als Deckenschmuck hatte Gentz einen Stuckrahmen entworfen, in welchem vier Musen die Musik, die Dichtkunst, das Theater und den Tanz verkörpern. Ein Intarsienholzfußboden mit aufwändigem Muster vervollkommnet die Ausstattung. Auch Christian Friedrich Tieck arbeitete

Zedernzimmer im
Residenzschloss

erstmals am Schlossinnenausbau mit. Er gestaltete für das Zedernzimmer vier größere und vier kleinere ringsum laufende Basreliefs mit Szenen aus der griechischen und römischen Mythologie, die die Tugenden der Frau als Tochter, Schwester, Gattin und Mutter preisen. Zur Entstehungszeit schlossen sich dem Gesellschaftszimmer drei aufeinander folgende Räume an, das Wohn-, das Ankleide- und das Schlafzimmer Maria Pawlownas, alle zur Straßenseite, während auf der Hofseite ihre Bediensteten wohnten.

Der zweite Bereich der Gentz'schen Aktivitäten betrifft die Veränderung der »Kurfürstlichen Galerie« im Nordflügel, die zuweilen aufgrund der Wandleuchter mit Adlerbekrönung fälschlich als »Falkensaal« bezeichnet wurde, aber als Speisesaal fungierte. Hier arbeitete Gentz die von Arens und Thouret gemachten Entwürfe aus, ließ sich auf eine gegenüberliegende Folge von Fenster- und Wandnischen ein und gliederte die Decke mit einer kassettierten Tonnenwölbung, bei der wiederum zwei Querbänder die Monotonie aufbrechen.

Die letzten und repräsentativsten Bereiche, in welchen Gentz tätig war, sind das östliche Treppenhaus und der sich hier anschließende Festsaal. Dem Entwurf des Treppenhauses von Arens wollte er nicht folgen, wenngleich die zweiflügelige Treppe zunächst aufgenommen wurde. Auf der Beletage vereinigte er die beiden Treppenläufe jedoch und legte eine noble Halle an, deren Decke er durch eine überkuppelte Laterne, in welcher ein Lüster hängt, nach oben zog. Kassettierte Decken und Bogenlaibungen, Wandnischen mit Skulpturenschmuck, eine dorische Säulenhalle – dies sind vermutlich Einflüsse, die Gentz auf seiner Reise nach England aufnahm oder auch aus Süditalien oder Sizilien mitbrachte. Auch hier engagierte er den jungen Friedrich Tieck für die üppig eingebrachten Basreliefs und die Abgüsse antiker Statuen. Das ikonografische Programm allerdings wurde in enger Zusammenarbeit mit Goethe erarbeitet. Es ging um die anschauliche Verherrli-

Seite 76: Große Galerie im
Residenzschloss
Seite 77: Gentz'sches Treppen-
haus im Residenzschloss

Festsaal im Residenzschloss

chung des aufgeklärten Herrschers Carl August und die Verdeutlichung der Aufgaben des Fürstenpaares, das skulptural meist von den Göttern Griechenlands begleitet wird: der Herrscher als siegreicher Kriegsheld, als Förderer der Wissenschaften und Künste, die Herzogin in Gestalt Demeters als Landesmutter. Carl August und Herzogin Louise stehen für Frieden, Freiheit und bürgerliche Selbstbestimmung.

So eingestimmt gelangt der Gast in den Festsaal, der sich über zwei Stockwerke hinzieht und an beiden Schmalseiten auf 20 ionischen Säulen ruhende Galerien aufweist – diese Anlage geht auch auf Goethe zurück, der wiederum entweder Palladio zum Vorbild nahm oder dessen Epigonen in Deutschland. Man orientierte sich zudem sehr genau an den Basen und Kapitellen der Säulen des Erechtheions auf der Akropolis, während der unterhalb der Galerie umlaufende Greifenfries sein Vorbild im Antonius-und-Faustina-Tempel auf dem Forum Romanum hat. Auf den Öfen an der Ostseite hingegen sind ägyptische Löwenmotive zu sehen. Im Kunst- und Architekturverständnis Goethes und seiner Zeitgenossen war die Nachahmung der antiken Vorbilder ja keineswegs ein schmähliches Plagiat. Goethe empfahl wörtlich (in »Antik und modern«), jeder solle auf seine Art ein Grieche sein. Im Sinne Winckelmanns schufen sie so eine neue Kunst aus dem Geist der Antike. In den Wandnischen finden sich große Tieck'sche Skulpturen der Musen Polyhymnia, Euterpe, Thalia und Kalliope. Zur Ilm hin öffnet sich der Festsaal schließlich zu einem zweiten elegant ausgestatteten Raum. Das frühere Marmorzimmer wurde unter Gentz zur zartrosa getönten Spiegelgalerie.

ERWEITERUNGSBAU DES GRÜNEN SCHLÖSSCHENS Neben den Arbeiten am Schloss wurde Gentz zu zahlreichen weiteren Aufgaben hinzugezogen, etwa dem Bau des Sommertheaters in Lauchstädt (1801). In Weimar selbst begann er im Juni 1803 angesichts des stark angewachsenen Bücherbestandes in der Bibliothek und auf Goethes Bitten hin über eine Erweiterung des Baus nachzudenken. Der südlich geplante schlichte Anbau sollte den Stadtmauerturm nicht mit einbeziehen, sondern lediglich an ihn grenzen. Hierfür musste der Renaissanceturm des Schlösschens weichen. Die Einheit der Bauteile stellte Gentz durch Aufsetzen eines für den Klassizismus unüblichen steilen Mansarddachs her.

› siehe Seite 20, 36 ff., 91 ff., 155

Wenige Monate später (1803/04) baute er das Reithaus um, denn zwischen Fürstenhaus, Bibliothek und Schloss wirkte dieser Bau von Christian II. Richter im Barockstil (erbaut 1715 bis 1718) als einziger nun »démodé«. Diese adlige Reitbahn hatte einst auch »höheren« Zwecken als zur Ertüchtigung der Hofbeamten gedient: 1767/68, als die Stadt noch nicht über einen festen Theaterbau verfügte, gastierte hier eine Theatergruppe, die erstmalig in Weimar Lessings »Minna von Barnhelm« aufführte.

Beim Umbau fasste Gentz die beiden unteren Etagen durch tief in die Mauer eindringende Bögen zusammen und setzte in die halbkreisförmigen Fensteröffnungen Sprossenfenster ein. Mit zwei Mäanderbändern, einem breiteren auf der unteren Ebene, einem schmaleren unter den Fenstern des zweiten Geschosses, gliederte er den Bau. Die Fenster des zweiten Obergeschosses sowie der Mansarde ordnete er in Entsprechung an und gab schließlich der dem Schloss zugewandten Nordfassade einen Aufbau, der mit dem des Schlosses korrespondierte. Im Laufe der Zeit erfolgten immer wieder andere Nutzungen des Reithauses, durch die Ministerien etwa, später zu Lehrzwecken des Bauhauses. Nach dem Zweiten Weltkrieg war es das Haus der Jungen Pioniere und ist heute ein der Stadt zugehöriges Jugendzentrum.

UMBAU DES REITHAUSES

Die Stadt Weimar übertrug Heinrich Gentz auch die Aufgabe, den Festsaal des Stadthauses umzubauen. Die Bürger nutzten ihn für ihre Bälle, da bei Hofe nur Adlige zugelassen waren. Auch Konzerte fanden statt und Vorträge wurden gehalten; als das Komödienhaus abgebrannt war, ließ Goethe hier sogar Theater spielen. Vor dem Zweiten Weltkrieg war das Stadthaus unterirdisch mit dem Rathaus verbunden. Von diesem im Winter 1803/04 vollzogenen neuen Innenausbau des Stadthauses ist heute nichts mehr erhalten.

NEUE INNENRAUMGESTALTUNG DES STADTHAUSES

› siehe Seite 24

Dieser Bau von Heinrich Gentz von 1803 bis 1805 steht heute noch – wenngleich ungenutzt. Der Neubau im Schießhaushölzchen jenseits der Ilm sollte Ersatz für ein früheres Gebäude im Ilmpark sein, das aufgrund der Parkerweiterung abgerissen worden war. Der Entwurf von Gentz weist eine Dreiflügelanlage aus. Ein erhöhter Mittelteil birgt den nach hinten ausgreifenden Festsaal, zwei in Hufeisenform schwingende Seitenflügel enden in zwei Pavillons an den Schenkeln. Die Seitenflügel haben zur Hofseite Arkaden, wodurch ein luftiger Eindruck entsteht, der dem Zweck des Baus angemessen erscheint. Speziell der große Festsaal war äußerst festlich ausgestattet. Das Tonnengewölbe mit zierlichem Schmuck endete in einer Kuppelnische, die wie ein geblähtes Segel wirkte. Leider ist der Saal jedoch 1913 bis zur Unkenntlichkeit verändert worden.

DER SCHIESSHAUSBAU

1790/91 entstand auf damals freiem Gelände im Süden der Stadt an der heutigen Humboldt/ Amalienstraße ein Gebäude inmitten eines Parks, das der zu Spekulationen neigende Bauunternehmer Anton Georg Hauptmann im noch unvollendeten Zustand 1791 an den Rentier Freiherr Ludwig von Oldershausen weiterverkaufte. Es handelt sich um einen dreigeschossigen Hauptbau mit zwei zweigeschossigen Seitenflügeln, die im Zuge der modernen Restaurierung auf das Maß des Hauptflügels erhöht wurden. Der klare Grundriss wiederholt sich spiegelbildlich in den Flügeln, in welchen alle Räume von den durchgehenden Korridoren erschlossen werden, während im Hauptgebäude eine zweiläufige Treppe eingebaut ist. Der Festsaal im ersten Geschoss des Vorderhauses wird durch den vortretenden Mittelrisaliten definiert, dessen krönender Dreiecksgiebel mit

DAS POSECK'SCHE PALAIS, HEUTE: MUSEUM FÜR UR- UND FRÜHGESCHICHTE THÜRINGENS

Poseck'sches Haus, heute:
Museum für Ur- und Früh-
geschichte Thüringens

rundem Fenster als einziger Fassadenschmuck fungiert. Ein Walmdach schließt das Haus ab, das später an den Kammerherrn Friedrich Carl von Poseck überging, nach welchem heute das sich südlich anschließende Parkstück den Namen Poseck'scher Garten trägt. Bereits 1891 kam es zur
musealen Nutzung, zuerst in Form des naturwissenschaftlichen Museums, später, 1921, wurde
daraus das Museum für Vorgeschichte mit einem Schwerpunkt auf altsteinzeitlichen Funden. Heute
nennt sich das Haus »Museum für Ur- und Frühgeschichte Thüringens«, und auch das Thüringische Landesamt für Archäologische Denkmalpflege hat hier seinen Sitz.

DER KLASSIZISTISCHE
UMBAU DES GOETHEHAUSES
AM FRAUENPLAN
› siehe Seite 54 ff., 116,
132, 147

Im Frühsommer 1792 zog Goethe erneut am Frauenplan ein, und diesmal nicht als Mieter wie
in den Jahren 1782 bis 1786 und 1788/89, sondern als designierter Besitzer – offiziell erfolgte der
Besitzübergang vom Herzog an Goethe 1794. Der Umzug fiel also in die Phase der Schlossumbau-
ten, die sich, ebenso wie die von Goethes Haus, über Jahre hinziehen sollten. Dies hängt zum Teil
damit zusammen, dass Goethe die gleichen Handwerker beschäftigte wie der Herzog.
Aufgrund der weitreichenden Baumaßnahmen nahm die Familie, Christiane mit Sohn August, ihre
Tante, ihre Schwester sowie Dienstboten, zunächst provisorisch in einigen Räumen Domizil; in der
Folge kam es zu weiteren umbaubedingten Umzügen innerhalb des Hauses. Im September 1794
nahm Goethe definitiv seine Arbeitsräume mit sich anschließendem Schlafzimmer im Hinterhaus
zum Garten hin in Besitz.
Der Umbau betraf vor allem den Einbau der großzügigen, deutschen Häusern der Zeit fremden
Treppe, die man emporsteigt, wenn man das Haus betreten hat. Die Überraschung gelang. Im Jahr
1796 formulierte der Dichter Jean Paul anlässlich seines Besuches bei Goethe: »Sein Haus frappiert.
Es ist das einzige in Weimar im italienischen Geschmack, mit solcher Treppe.« Im Treppenhaus wird

Seite 81: Treppenhaus im
Goethehaus am Frauenplan

fast vollkommen auf Dekorationen verzichtet, lediglich zwei Wandnischen sind ausgebildet, in denen Gipsabgüsse Martin Gottlieb Klauers Platz fanden, der »Betende Knabe« und der »Bocktragende Satyr«. Auch auf dem zweiten Treppenabsatz wurden zwei solche Nischen eingelassen, für den Kopf des »Apoll von Belvedere« und den Kopf des »Ares«. Für Goethe ging es bei diesen Einrichtungen weniger um Repräsentation als vielmehr um die Bedeutung, die das Sammeln antiker Kunstwerke (in Gipsabgüssen), von Kunstgegenständen allgemein wie auch von naturkundlichen und archäologischen Objekten für ihn hatte. Er war ein Sammler par excellence. Die Sammlungen, zu denen auch die Bücher zählten, vergrößerten sich quasi täglich, sodass das Haus auch »auf Zuwachs« gedacht war – heute birgt es zusammen mit den musealen Anbauten und dem Steinpavillon insgesamt 23 000 Einzelstücke der naturwissenschaftlichen Sammlungen, 17 800 Einzelstücke der mineralogischen Sammlung, 2000 Herbarblätter sowie die große Sammlung von Kunstgegenständen – Skulpturen, Gipsen, Zeichnungen, Ölbildern, Radierungen und Majoliken – und seine private Büchersammlung von 7000 Bänden. Die Entwurfskizzen der Treppe stammen tatsächlich von Goethe selbst und sie wurden vollkommen nach seinen Wünschen umgesetzt. Damit widersetzte sich Goethe dem barocken Raumaufteilungsmuster des Helmershausen'schen Gebäudes, was ihn zwar drei Räume kostete, doch da es ihm um Großzügigkeit ging, durchbrach er Wände und vereinigte kleinteilige Räume zu größeren.

› siehe Seite 8 Als Deckengemälde des oberen Treppenhauses begrüßt den Besucher Heinrich Meyers Version der Göttin Iris mit dem Regenbogen. Das strenge, in den Boden eingeschnittene SALVE begrüßt den Gast, der in den Gelben Saal tritt, in welchem in größerer Runde gespeist wurde. Die Farbe Gelb galt in Goethes Farbvorstellungen als appetitanregend. Von dort gelangt man entweder in das kleine Esszimmer oder in Hofrichtung in das so genannte Brücken- oder Büstenzimmer, den architektonisch interessantesten Neueinbau von 1792/93. Der relativ kleine Raum verbindet Vorder- und Hinterhaus in der Mitte des Hofes und überspannt diesen brückenartig in einer Höhe, die den Kutschen weiterhin die Durchfahrt erlaubte. Dieses Zimmer ließ Goethe mit einer Tonnendecke ausstatten, die Conrad Horny ausmalte. Das Tonnengewölbe wurde schon verschiedentlich im Weimarer Klassizismus gesehen. Es verleiht dem Raum eine bauliche Bedeutungssteigerung, die hier auch inhaltlich umgesetzt wurde. Durchschreitet man den mittelblau gestrichenen Raum, begibt man sich, einem Gang über eine Brücke vergleichbar, auf einen Weg durch die Geschichte der Plastik, begonnen mit altgriechischen Reliefs, über klassisch-griechische Arbeiten, früh- und spätrömische Reliefs bis hin zu Skulpturen aus dem 18. Jahrhundert.

Bei den übrigen Räumen beschränkte sich die Neugestaltung auf Renovierung, Anstrich und Ornamentik. Hier wurde, anders als im Schloss, mit teils bescheidenen Mitteln gearbeitet, denn dieses Haus diente ganz anderen Zwecken als das Residenzschloss. So ist nicht verwunderlich, dass die aufwändigeren Gestaltungselemente in den repräsentativen Gesellschaftszimmern eingebracht wurden, im Juno-Zimmer etwa mit den Renaissancefriesen von Heinrich Meyer.

› siehe Seite 63 Gegen 1802 setzte sich Goethe erneut eingehend mit seinem Haus auseinander. Diesmal plante er, die ihm nicht mehr zusagende barocke Außenfassade zum Frauenplan hin zu verändern und holte Kostenvoranschläge und Entwurfsskizzen ein, nahm jedoch von diesem Plan bald wieder Abstand. Im Zweiten Weltkrieg wurde der westliche Teil des Goethehauses schwer beschädigt, 1949 konnte das Haus jedoch wieder eröffnet werden. Im Jahr 1914 war am Eingang der Seifengasse ein sich an die vorhandene Substanz anlehnender Sammlungsneubau hinzugefügt worden, 1935 wurde dieser zur Gartenseite hin als Querriegel erweitert.

Seite 83: Brückenzimmer

Schlaf- und Sterbe-
zimmer Goethes

84

Die Zeiten nach den napoleonischen Kriegen, der französischen Besatzung und den Unabhängigkeitsbestrebungen bis zum Wiener Kongress (1806/15) waren infolge allgemeiner Geldnöte nicht bauintensiv. Ein einziges Gebäude, das auch in der Kulturgeschichte eine gewichtige Rolle spielte, entstand 1811 jenseits der Ilm am bevorzugten Platz: die Altenburg, die sich der Stallmeister des Herzogs, Friedrich von Seebach, als Familienwohnsitz von einem leider unbekannten Architekten erbauen ließ. Es ist ein dreigeschossiges, frei stehendes Haus mit einem niedrigeren Seitenflügel, ursprünglich für Ställe, Schuppen und Wirtschaftsräume genutzt. Es fallen die Putzquaderung im Erdgeschossbereich auf, die Gliederung der Geschosse durch Gesimse und zurückhaltende Fensterverdachungen im ersten Obergeschoss sowie ein leicht vortretender Mittelrisalit. Franz Liszt lebte hier mit der Fürstin Carolyne von Sayn-Wittgenstein von 1848 bis 1861. Die Altenburg wurde in dieser Zeit zu einem europäischen Künstlertreffpunkt, Weimar unter Liszts Ägide zu einem bedeutenden Musikzentrum mit zahlreichen Uraufführungen von Wagner und Berlioz. Derzeit residiert im Gebäude ein Teil der Weimarer Hochschule für Musik, die nach Franz Liszt benannt ist.

Auch Leistungen des Baumeisters Clemens Wenzeslaus Coudray (1775–1845) dürfen in diesem Zusammenhang nicht unerwähnt bleiben. Nach Studien in Dresden bei Schuricht, in Berlin unter Gilly und Gentz, in Frankfurt bei Friedrich Rumpf und in Paris bei Jean Nicolas Louis Durand ab 1800 ging er auf Studienreise nach Italien und nahm daraufhin die feste Anstellung und den Lehrauftrag als Architekturprofessor bis 1815 in Fulda an. 1816 wurde Coudray Großherzoglich-sächsischer Oberbaudirektor in Weimar, wo er als Architekt bis zu seinem Tod blieb. Nicht nur auf dem Sektor der Gebäudeplanungen, sondern beispielsweise auch beim Straßenbau leistete er Bedeutendes. Coudray vertrat eine Architektur der »Convenienz und Oekonomie«, die dem Menschen zum Wohlergehen dienen sollte: »Unter Convenienz begreifen wir nämlich die Festigkeit, Gesundheit und Bequemlichkeit der Gebäude, die Oekonomie indessen auf Simplicität, Symetrie und Ordnung beruht ...« Besonderheiten, die Coudrays Bauten auszeichnen und auch kenntlich machen, sind zwei Dinge: Zum einen fasste er zwei angrenzende Häuser als Einheit zusammen und platzierte ihre Eingänge in der Mitte nebeneinander, wodurch sich die typischen einheitlichen Häuserfronten ergaben. (Beispiele finden sich in der Steubenstraße, der Ackerwand und der Erfurter Straße.) Zum anderen wurde er ein Freund des flach geneigten Dreieckgiebels, eines ursprünglich zum antiken Tempel gehörenden Architekturmotivs. Gerade dieses Detail wurde von Coudrays Epigonen in Weimar vielfach aufgegriffen.

› siehe Seite 11 f., 18, 31 ff., 70 ff.

Schon 1816 fertigte Coudray ein eigenes Gutachten für dieses Schlossbauprojekt an. Ältere Wirtschaftsgebäude mussten weichen, der Rohbau wurde in den Jahren 1822 bis 1834 fertig gestellt. Der Westflügel war um ein Geschoss niedriger als die übrigen, der Kopfteil jedoch, in welchen die Schlosskapelle aufgenommen werden sollte, entsprach in der Höhe dem nordwestlichen Pavillon. Auch das Löwenportal stammt von Coudray, das er hier stark an die barocke Gliederung der übrigen Bauteile anpasste. 1820 gestaltete Couday das Brückengeländer der Sternbrücke auf der Ostseite. › siehe Seite 32 Zahlreiche Kleinaufträge, darunter die Tür zum Goethegarten im Ilmpark, entwarf er mit der › siehe Seite 2 gleichen Sorgfalt wie die großen. Der Ausbau des Westflügels zog sich, unterbrochen von größeren Stillständen aufgrund von leeren Kassen, über Jahre hin. Mit dem Innenausbau der ersten Etage wurde erst 1830/31 begonnen, hier zunächst mit den Wohnräumen Maria Pawlownas. Dies bewerkstelligte Coudray in enger Zusammenarbeit mit Goethe. Ende 1831 waren die Räume vollendet, wurden in der Folge jedoch durchgreifend verändert. 1834 machte sich Coudray an die

Errichtung des Treppenhauses im Westflügel sowie eines nach Süden hin abschließenden Pavillons, der die neue Schlosskapelle aufnehmen sollte.

Obwohl zu dieser Zeit in Weimar die Formsprache der Neogotik bereits sehr beliebt war, beharrte Coudray auf seinen klassizistischen Vorstellungen, weshalb man ihn zwar für die Errichtung der Außenhaut hinzuzog, nicht jedoch für die Innenausstattung. Diese ruhte zunächst.

Wichtiger war dem Großherzogspaar die Einrichtung des Counseilsaals und der in der Raumflucht anschließend geplanten Dichterzimmer. Wichtigster Bestandteil des mit rotem Samt bespannten Conseilsaals mit wappengeschmückter Decke war ein Zyklus von zwölf Ölbildern, den Friedrich Preller und Adolf Kaiser innerhalb der nächsten sechs Jahre fertig zu stellen hatten und der wichtige Ereignisse der Geschichte des Herzogtums sowie landschaftliche Höhepunkte Thüringens festhalten sollte. Heute finden sich noch vier dieser Bilder im Conseilsaal, die übrigen gelangten 1946 als »Beutekunst« nach Russland. Im Anschluss planten Carl Friedrich und Maria Pawlowna die Einrichtung mehrerer Gedächtnisräume für Goethe, Schiller, Wieland und Herder, denn es fehlte in Weimar an Orten, wo die Verehrung dieser Dichter ihren Platz finden konnte. Ihre Wohnhäuser waren noch nicht in museale Nutzung übergegangen.

Für die Goethegalerie, die natürlich der wichtigste Raum sein sollte, beauftragte Maria Pawlowna den damals besten Architekten und ausgewiesensten Klassizisten Deutschlands, der gleichermaßen als Maler bekannt war, den preußischen Oberbaudirektor Karl Friedrich Schinkel. Es sollte der letzte Auftrag vor seinem Tode sein. Anders als Ludwig von Schorn, der seit 1832 in Nachfolge Heinrich Meyers die Zeichenschule sowie das Kunstinstitut leitete, es forderte, begnügte sich Schinkel jedoch nicht mit einer Aneinanderreihung von antiken Themen aus dem Werk Goethes, sondern er entwarf ein architektonisches Gesamtkonzept der Wandgestaltung, in das ausgewählte Antikendarstellungen aus Goethes Werken eingefügt werden sollten. Maria Pawlowna lehnte jedoch wenig später die getroffene Auswahl als zu wenig populär ab. Als ausgestaltende Künstler wurden Friedrich Preller und Carl Hütter bestellt, die eigens nach München reisten, um dort die antike Technik der Enkaustik zu erlernen. 1839 wurde Bernhard Neher mit der Fortsetzung der Arbeiten betraut und Angelica Facius, die Medaillenschneiderin, schuf ein Profilbild Goethes, umgeben von allegorischen Figuren. Szenen aus »Faust I und II« befinden sich in der Goethegalerie, die kleineren Bilder setzen Szenen aus Balladen und Gedichten um. Daneben werden Szenen aus »Egmont«, »Tasso«, »Hermann und Dorothea«, »Wilhelm Meister«, »Werther« und »Wilhelm Meisters Lehrjahre« gestaltet. An der Decke erscheinen die verschiedenen Bereiche, in denen Goethe tätig war: die Metereologie, die Dichtung, die Baukunst, die bildende Kunst, die Pflanzenforschung, die lyrische Poesie, die antike Plastik, die Farbenlehre, die Osteologie, die Tragödie und die Mineralogie.

Für die Ausschmückung des Schillerzimmers mit Historienbildern, auch 1835 geplant, fiel die Wahl erneut auf Bernhard Neher, Schüler von Peter Cornelius, der sieben große Frescobilder auf Tafeln, die später in die Wand eingesetzt werden sollten, zu jeweils einer Szene aus »Fiesco«, »Don Carlos«, »Wallenstein«, der »Braut von Messina«, »Maria Stuart«, »Wilhelm Tell« und der »Jungfrau von Orleans« gestaltete, desgleichen weitere kleinformatigere Werke mit Szenen aus den Schiller'schen Balladen. Auch Schillers Büste von Theodor Wagner nach dem Porträt von Johann Heinrich Dannecker erhielt hier einen bevorzugten Platz in einer kreisförmigen, goldlaubumrankten Nische über einem eigens dafür geschaffenen Kamin, mit dem Fresko zur »Huldigung der Künste« gekrönt.

Links: Liszthaus und -museum
Rechts: Inneneinrichtung

Das südlich anschließende Wielandzimmer ist das kleinste der vier Memorialstätten, die mit dem Conseilzimmer und dem achteckigen Zimmer eine Einheit bilden. Wiederum gestaltete Friedrich Preller diesen Raum, der mit pompejanischer Wandmalerei ausgestattet ist. Er lieferte fünf Landschaftsdarstellungen in Tempera mit Szenen aus Wielands »Oberon« sowie Szenen aus Wielands Märchen.

Schwer fiel den Gestaltern die Ideenfindung für das Herderzimmer, das schließlich zwischen Treppenhaus und Conseilzimmer platziert wurde. Adolf Schöll, Nachfolger Ludwig von Schorns, begann erst 1842 mit der Ausgestaltung. In diesem Raum ist beispielsweise eine »Begründung des Christentums« gestaltet, generell wurden Herders Bestrebungen im Bereich der Theologie und Humanität anschaulich gemacht, und zwar als Parcours der Ideen durch die Geschichte im Sinne der Herder'schen Theorie.

Ein interessiertes Publikum konnte bei bestimmten Anlässen diese Räume betrachten, die alle noch dem ausgehenden Klassizismus verpflichtet sind. Heute ist der Besuch zu den Öffnungszeiten des Schlossmuseums möglich.

DAS LISZTHAUS

Schon 1816/17 erhielt Courday gemeinsam mit Baurat Karl Friedrich Christian Steiner den Auftrag, an der Marienstraße, als Pendant zu dem bereits vorhandenen »Pavillon vor dem Frauentor«, den Steiner als Hofgärtnerei 1798/99 gebaut hatte, ein Wohnhaus für den Floßgeldeinnehmer zu errichten. Die Hofgärtnerei wies bereits Merkmale des Hochklassizismus auf – putzgequadertes Erdgeschoss, Gurtgesims, balkenförmige Fensterverdachungen und Palladiozitate in Gestalt zweier halber und einer ganzen rundbogigen Fensteröffnung im ersten Obergeschoss. Das Pendant unter Mitwirkung Coudrays erhielt ein neues Dach, welches 1819 auch bei der Hofgärtnerei, dem späteren Liszthaus aufgesetzt wurde.

Franz Liszt, inzwischen katholischer Abbé, war im Sommer 1867 auf Einladung des Großherzogs Carl Alexander wieder nach Weimar zurückgekehrt und bewohnte für einige Monate im Jahr das

Obergeschoss des Hauses und unterrichtete hier. Die Wohnräume Liszts sind im ursprünglichen Zustand bis heute erhalten, das gesamte Haus ist als Liszthaus und -museum Bestandteil der Stiftung Weimarer Klassik und Kunstsammlungen.

Coudrays erster »unabhängiger« Weimarer Wohnungsbau war sein eigenes Haus in der Heinrich-Heine-Straße 12. Es ist ein dreigeschossiges elfachsiges Doppelhaus, dessen rechte Seite er mit seiner Familie bewohnen wollte. Für die linke akzeptierte der andere Bewohner keinen rationalen, modernen Grundriss. Über Coudrays Eingang im Mittelrisaliten sind Embleme der Zimmerer, Maurer, Maler und Architekten, schreitende Greifen und der Segensspruch: Fortunet Deus zu erkennen. Einige Jahre später gestaltete er auf derselben Straßenseite auch die Häuser 20/22, 16/18, 10 und 4, die leider nur noch in Resten erhalten sind.

1820 sollte Coudray für das Rote Schloss eine Art Sichtschutz anfertigen, denn der Abriss des Quer- und Ostflügels 1808 ließ unschöne Einblicke in die Stallungen und Holzhallen des Gebäudes zu. Eigentlich war es um eine Mauer gegangen, doch Coudray schuf etwas viel Schöneres: zwei hervortretende Torbauten, die durch Blendbögen verbunden sind. Im selben Areal, östlich des Gelben Schlosses und an der Ecke zum Burgplatz, vollendete er die Schlossplatzbebauung durch die von 1834 bis 1838 errichtete Neue Wache. Hier stand dereinst das Wolzogen'sche Freihaus. Unter Coudray wurde es ein dreigeschossiges siebenachsiges Gebäude, das sich den Blendarkaturen formal anpasste. Die Coudray'schen Lieblingsmerkmale tauchen alle auf, gleichwohl wurden hier wesentlich mehr schmückende Elemente angebracht als in den früheren Jahren. Um 1910/11 baute Ernst Kriesche nach Süden hin ein der Hauptwache identisches Gebäude an, das jetzt unmittelbar an die Holzhallenverkleidung anschließt.

Bereits 1818 war unter Goethes Bibliotheksleitung der Plan entstanden, aufgrund der räumlichen Beengtheit in der Bibliothek den alten Stadtturm mit dem Zwischengebäude von Gentz zu vereinigen und ihn als Standort für die Militaria und die Karten Carl Augusts zu nutzen. Nach Entwür-

Links: Neue Wache

Rechts: Fassadenverzierungen an Coudrays Wohnhaus

KLASSIZISTISCHE WOHNBEBAUUNG

ANBAUTEN AM ROTEN SCHLOSS
› siehe Seite 22 f, 153

DAS GRÜNE SCHLÖSSCHEN
› siehe Seite 20, 36 ff., 78 ff., 155

fen Baurat Steiners, aber unter der Leitung von Coudray, wurden der Turm 1821 bis 1825 erhöht, Spitzbogenfenster eingesetzt, ein Zeltdach aufgebracht sowie die berühmte, aus einem einzigen Stamm bestehende Treppenspindel aus der Osterburg in Weyda hier eingebaut. Eine gotisierende Vorhalle aus rotem Sandstein stellte die Verbindung zwischen Turm und Anbau dar.

1844 sollte Coudray erneut mehr Platz für die Bibliothek schaffen. Diesmal wurde der Bau in Richtung Norden um zwei Achsen erweitert, ganz im Sinne einer Anpassung an das Renaissance-gebäude. Bis zum Jahr 2005 blieb dies der Status der Bibliotheksräumlichkeiten, obwohl bereits seit 1934 beharrlich, jedoch erfolglos von Seiten der Bibliotheksleitung um Erweiterungsbauten gekämpft wurde.

1821 war das alte Torhaus am Frauenplan abgebrochen worden und Coudray wurde beauftragt, einen neuen Bau für die »Chaussee- und Stadtpflastergeld-Einnahme« zu errichten. Die Straße sollte bei dieser Gelegenheit verbreitert werden, was voraussetzte, dass Goethe ein Stück seines Gartens opferte, um das Torhaus auf seinem Grundstück unterbringen zu können. Er beharrte mit Recht darauf, dass das Gebäude kein Fenster zu seinem Garten haben dürfe. So orientierte Coudray das Bauwerk ganz zur Straße und wandelte, da das Haus gleichzeitig als Eckbebauung des Wielandplatzes funktionieren musste, die zum Platz weisende Ecke in einen mit Dreiecksgiebel versehenen Mittelrisaliten um. Dadurch erhielt das bescheidene Häuschen die repräsentative Form eines kleinen Dreiflügelbaus.

DIE TORHÄUSER AM FRAUENPLAN UND AN DER ERFURTER STRASSE

Ein Jahr später war die Neugestaltung der Torsituation am Erfurter Tor (heute Erfurter / Ecke Heinrich-Heine-Straße) angesagt. Hier mussten ebenfalls Straßen- und Pflastertribute eingezogen werden, das alte Tor war abgebrochen worden und die Straßen sollten verbreitert werden. Auch dieses neue Torhaus Coudrays ist eingeschossig. Lediglich der Mittelteil überragt die Seiten durch einen Giebelaufbau mit halbkreisförmigem Fenster. Die Eingangshalle wird durch den kleinen dorisch-toskanischen Säulenportikus, der eine halbrunde Halle abschließt, repräsentativ. Putzgequaderte Wandflächen und ein Metopen-Triglyphenfries unter der Dachtraufe sind die weiteren Zutaten des schlicht-eleganten Gebäudes, in dem heute zuweilen Theater gespielt wird.

1822 entwarf Coudray ein Gebäude, das zum 50. Regierungsjubiläum Carl Augusts drei Jahre später fertig gestellt sein sollte. Die neue Bürgerschule war lange schon Desiderat, denn die Grundschüler wurden bislang nur in provisorischen Räumen unterrichtet. Dieses Projekt wurde, wie die meisten anderen Coudrays in Weimar, in enger Kommunikation mit Goethe realisiert: Coudray zeigte den Plan, wenig später Risse, besprach sogar die Rede zur Grundsteinlegung mit Goethe und kennzeichnete darin die Architektur, anders als die übrigen Künste, als Werk der menschlichen Erfindung, nicht der Nachahmung der Natur, daher beruhend auf den Bedürfnissen des Menschen: Schicklichkeit und Festigkeit.

DIE BÜRGERSCHULE AN DER KARL-LIEBKNECHT-STRASSE HEUTE: MUSIKSCHULE »OTTMAR GERSTER«

Die Bürgerschule schließt südlich an die Bertuchhäuser an, besteht aus einer zweigeschossigen Dreiflügelanlage, die um einen sich zur Straße öffnenden Hof geordnet ist. In den beiden Seitenflügeln wurden links die Knaben, rechts die Mädchen in jeweils acht Klassen unterrichtet. Der Mittelteil weist ein zusätzliches Halbgeschoss auf, hier war und ist der Festsaal mit Empore (heute: Coudraysaal) untergebracht. Dieser Bauteil mit steilem Zeltdach und Uhrtürmchen tritt etwas nach vorne, übernimmt aber die Fenster- und Geschosslinien der Seitenflügel. Wichtig sind die beiden Eingänge zu den Seitenflügeln, die durch Abschrägung der Ecke räumlich nach vorne gezogen werden und eigene kleine Säulentympana als Bekrönung aufweisen. Dies verstärkt den insgesamt einladenden Eindruck, der von dem Gebäude ausgeht.

Seite 92: Treppenspindel im Bibliotheksturm der Herzogin Anna Amalia Bibliothek

DIE FÜRSTENGRUFT

Links: Bürgerschule, heute:
Musikschule Ottmar Gerster
Rechts: Fürstengruft auf dem
Historischen Friedhof

Ebenfalls 1822 (spätestens 1823) wurde Coudray zusammen mit Goethe mit der Planung einer Gruft für die Vorfahren Carl Augusts, ihn selbst, seine Familie und seine Nachfahren beauftragt – der Fürstengruft. Seit 1814 war der alte Friedhof um die Jakobskirche geschlossen und im Süden der Stadt der neue Friedhof eröffnet worden. Dort in der Mitte auf einem kleinen Plateau hatte der Herzog den Platz für das Monument vorgesehen. Er plädierte für eine einfache Lösung, ein Grabgewölbe mit Notdach. Doch diese Lösung missfiel Coudray sehr und schließlich konnte er sich mit einem Entwurf durchsetzen, der eine Gedächtnishalle mit quadratischem Grundriss über der Gruft vorsah, in die ein griechisches Kreuz mit dem Altarraum im Süden und der Säulenvorhalle im Norden integriert war. Coudray kämpfte regelrecht um die Vorhalle wie um die dem Dach aufgesetzte achteckige Laterne, die dem Bau mehr Würde verleihen sollten. Erneut setzte er sich durch. Das Gebäude konnte 1827 fertig gestellt und 1828 dann als Grabkapelle eingerichtet werden.

Nachdem im Dezember 1824 bereits die im ehemaligen Kirchenraum des Residenzschlosses eingemauerten fürstlichen Särge in die unterirdische Gruft überführt worden waren, wurde am 9. Juli 1828 Großherzog Carl August hier beigesetzt, ihm folgten am 16. Dezember 1828 die Gebeine Friedrich Schillers (oder was man dafür hielt), 1830 Großherzogin Louise und am 26. März 1832 schließlich, so wollte es der Großherzog, Johann Wolfgang von Goethe. Auch die Särge für die Dichter und das Großherzogspaar hatte Coudray entworfen. Zu den 28 fürstlichen Särgen kame nach 1828 in der Folge 14 weitere.

Die sich an das Gebäude im Süden anschließende russisch-orthodoxe Grabkapelle wurde von dem in Weimar gleichfalls durch zahlreiche Bauten vertretenen Ferdinand Streichhan in den Jahren 1859 bis 1862 nach dem Tod Maria Pawlownas aber noch in ihrem Auftrag erbaut. Der Gang über den Friedhof ist ein Gang durch die Kulturgeschichte der deutschen Klassik – unweit der Fürstengruft findet sich das Grab Johann Peter Eckermanns, an der östlichen Mauer das Johann Heinrich Meyers. Dort liegen auch die Gräber des Kanzlers von Müller sowie des Bibliothekars Friedrich

Links: Erdgeschoss
der Fürstengruft

Rechts: Bauhaus-Museum

Wilhelm Riemer. Wielands Frau Dorothea und sein Sohn Carl sowie seine Tochter Luise sind hier beerdigt sowie Johann Nepomuk Hummel. Und natürlich finden sich hier die Grabstätten der drei Goetheenkel sowie das ihrer Mutter, Ottilie von Goethe, geborene von Pogwisch. Auch Oberbaudirektor Coudray wurde 1845 auf dem Friedhof beerdigt. Nach Goethes Tod hatte er in Weimar keinen guten Stand mehr gehabt, man könnte sogar sagen, dass der sich abzeichnende Stilpluralismus gewissermaßen von Goethe und seinen baukünstlerischen Idealen blockiert worden war. Einen Vorgeschmack auf diese Situation hatten Goethe und Coudray allerdings schon im Frühjahr 1825 erlebt, als der geplante Theaterneubau, für den Coudray einen ganzen Winter lang Zeichnungen entworfen hatte, vom Großherzog unvermittelt in andere Hände gegeben wurde.

Die Wagenremise am Theaterplatz, heute: Bauhaus-Museum, und Bürgerbauten im Stadtkern 1823 wurde Coudray mit der Erbauung einer »Wagenremise am Comödienplatz« an der Rückseite des barocken Zeughauses beauftragt. Der Bau sollte den Theaterplatz östlich in würdiger Weise abschließen – die verwandten Stilmittel waren die für ihn typischen. In späteren Jahren diente das Gebäude als Kulissenhaus für das Theater, später als Kunsthalle für Wechselausstellungen der Schlosssammlung und seit 1995 als Bauhaus-Museum.

Viele weitere Gebäude und ganze Straßenzüge entstanden in der Zeit des Klassizismus und zahlreiche Architekten waren daran beteiligt – so der »Russische Hof« am heutigen Goetheplatz und dessen weitere Bebauung, weiterhin die der Schillerstraße, der Ackerwand, des Wielandplatzes, der Marienstraße, der Steubenstraße, der Heinrich-Heine-Straße, der Wielandstraße, der Karl-Liebknecht-Straße, der Schwanseestraße, des Grabens und des Burgplatzes. Mit Recht kann man daher sagen, dass die Stadt einen Großteil ihrer Ausstrahlung durch die Bauten des Klassizismus erhielt und bis heute bewahrt hat.

DIE WAGENREMISE AM THEATERPLATZ, HEUTE: BAUHAUS-MUSEUM, UND BÜRGERBAUTEN IM STADTKERN

Die »Silberne Zeit« – historistische Bauten

Der Historismus in der Architektur schöpfte über Jahrzehnte aus dem großen Fundus aller vorhandenen historischen Baustile. Es ging daher eher um die persönliche Hinwendung des Bauherrn zu einer Epoche oder sogar einem bestimmten Bauwerk, das im Ganzen oder in Teilen – auch verkleinert – kopiert wurde und gewissermaßen die Folie einer Identifikation mit einem bestimmten Ideal der Vergangenheit darstellte. Vielfach hat man diese Epoche damit begründet, dass die Entzauberung und Verhässlichung der Welt niemals so radikal vom Menschen empfunden wurde wie in der zweiten Hälfte des 19. Jahrhunderts mit seiner sich rasch ausbreitenden Industrialisierung und Technisierung. Die Menschen wollten daher vielfach, wenn es um die Errichtung ihrer Häuser oder Bauten allgemein ging, in eine ästhetisch vollkommenere Vergangenheit flüchten. Entsprechend »lieferten« die Architekten als die Vollstrecker des Willens ihrer Auftraggeber die jeweilige »Traumarchitektur« aus unterschiedlichen Stilepochen, angefangen mit dem Mittelalter. Ab sofort ging es den Bauherren um die »Echtheit« der Imitation, eine möglichst makellose Kopie. Voraussetzung dafür war sicherlich die nun auch in bürgerlichen Kreisen vorhandene historisch-künstlerische Bildung. Leider ging in dieser Epoche zuweilen das den Klassizismus auszeichnende Moment der Funktionalität (Zweckmäßigkeit) der Bauten zugunsten der Überästhetisierung verloren. Doch dies war in Weimar meist nicht der Fall, da der bescheidene Maßstab, den die Ausdehnung der Stadt und die bescheidenen Ressourcen der Bauherren vorsahen, gar keine Überinstrumentierung zuließ. Der Schwerpunkt der Bauaufgaben verlagerte sich jedoch auch hier, anders als in all den Jahrhunderten zuvor, eindeutig auf den öffentlichen Sektor. Während zuvor Kirchen, Pracht- und Luxusbauten eindeutig den Ton angaben, dominierten jetzt Verwaltungsgebäude, Bürohäuser, Museen, Schulen, Theater, Banken, Kaufhäuser, Bahnhöfe, Hotels, Krankenhäuser usw. Dieser Befund lässt sich auch für Weimar in der zweiten Hälfte des 19. Jahrhunderts bestätigen.

Anders als in den Zeiten zuvor lebten um die Jahrhundertmitte in Weimar zahlreiche wohlhabende bürgerliche Familien. Beamte und freiberufliche Akademiker stellten immer noch den Hauptanteil, es gab aber inzwischen auch Kaufleute, Bankiers, Verleger, Mühlen- und Gasthofsbesitzer. Vor allem das Süd- und das Westviertel wurden regierungsgesteuert mehr und mehr ausgebaut, hierbei hat man die Villenbebauung präferiert. Paradebeispiele sind die Belvederer Allee und ihre Parallelstraße hinter der Kunstschule, während die nördliche Innenstadt und die Jakobsvorstadt unter schlechten hygienischen Bedingungen zu leiden hatten und es aufgrund von schlechten Wasserversorgungsmaßnahmen zu Infektionskrankheiten und damit zu einer erhöhten Sterblichkeit in diesen Vierteln kam.

Wie schon bei den zuvor erwähnten Epochenübergängen entstanden zunächst Bauten des »Übergangs«. Speziell in der Person des Schinkel-Schülers und durch zahlreiche Bauten vertretenen Nachfolgers von Coudray als Oberbaudirektor Weimars, Carl Heinrich Ferdinand Streichhan, kann man den Umbruch zum Historismus am besten fassen, weshalb hier seine Weimarer Bauten erwähnt werden sollen, von welchen die ersten beiden noch zwei letzte Beispiele für den ausgehenden Klassizismus sind.

Seite 97: Lesemuseum (Nike-Tempel) am Goetheplatz

Die »Erholung« am
Goetheplatz

DAS LESEMUSEUM AM
GOETHEPLATZ HEUTE:
BAUORDNUNGSAMT

Streichhan errichtete auf Veranlassung und Kosten Maria Pawlownas 1859/60 für die 1831 gegründete Lesegesellschaft ein so genanntes Lesemuseum, das, am Goetheplatz stehend, heute das Bauordnungsamt beherbergt. Das Gebäude fällt auf, da es in die Platzmitte vorstößt und vor allem mit seiner offenen ionischen Säulenordnung im Obergeschoss an den Niketempel auf der Akropolis erinnert. Zur Errichtungszeit konnten sich Mitglieder wie auch Fremde hier eintragen und Lesestoff beziehen – politische, wissenschaftliche und kulturell orientierte Zeitschriften. Berühmte Leser waren Georg Herwegh, Emmanuel Geibel, Karl Gutzkow, William Makwepeace Thackeray und Hans Christian Andersen.

DIE »ERHOLUNG«,
HEUTE: KULTURZENTRUM
»MON AMI«

In den Jahren 1858 bis 1860 errichtete Streichhan das benachbarte spätklassizistische Gebäude, »Erholung«, das Vereinsgebäude der 1817 gegründeten Erholungsgesellschaft, welche Amüsements und Kulturveranstaltungen für die bürgerlichen Vereinsmitglieder, die keinen Zugang zum Hof hatten, ausrichtete. 1864 wurde hier die Deutsche Shakespeare-Gesellschaft gegründet, heute betreibt die Volkshochschule Weimar im Gebäude das »mon ami«, ein Kulturzentrum mit angeschlossenem Programmkino und einem Café.

RUSSISCH-ORTHODOXE
KAPELLE / MARSTALL /
HAUPTSTAATSARCHIV

Nun zu den historistisch orientierten Bauten Streichhans in einem kursorischen Überblick: Hier wäre zuerst die 1860 bis 1862 an die Fürstengruft angebaute Russisch-orthodoxe Kapelle (1860/62) im Stil des altrussischen Kirchenbaus zu nennen, die mit fünf Zwiebelkuppeln überwölbt ist. In ihrer unterirdischen Gruft wurde Großherzogin Maria Pawlowna (gest. 1859) beigesetzt – ein Wanddurchbruch verbindet diese Grabstätte mit der Fürstengruft. Sodann errichtete Streichhan 1854 bis 1857 die dem mittelalterlichen Bauen verpflichteten Kasernen an der Leibnizallee sowie 1873 bis 1878 die Neorenaissancegebäude des Marstalls (erbaut 1873 bis 1878) und 1885 das Hauptstaatsarchiv am Beethovenplatz.

Marstall

Streichhankaserne

99

Der Historismus war in Weimar mit der so genannten Silbernen Zeit nahezu identisch, sie begann hier offiziell mit dem Regierungsantritt des Großherzogs Carl Alexander im Jahr 1853, wenngleich bereits seit Goethes Tod 1832 der von ihm verworfene Stilpluralismus zunehmend an Anhängern gewonnen hatte.

Bedeutsam für das Baugeschehen in Weimar von Regierungsseite war daher die besondere Italienleidenschaft (und speziell die Vorliebe für die Renaissance) des Großherzogs Carl Alexander, der 1860 aus eigenen Mitteln auf dem Gelände der heutigen Bauhaus-Universität die Großherzogliche Kunstschule gründete und neun Jahre später ein Projekt abschließen konnte, das in künstlerischer wie städtebaulicher Hinsicht von weit reichender Bedeutung für Weimar sein sollte: Da nach der Errichtung des Hauptbahnhofes im Jahr 1846 schon längst eine Konzeption des nördlichen, weitgehend unerschlossenen Weimarer Stadtgebietes notwendig geworden war, wollte Carl Alexander den ebenfalls lange geplanten Museumsbau auf der Nordsüdachse vom Bahnhof zur Altstadt in unmittelbarer Nähe des Viaduktes über das Asbachtal errichten lassen, natürlich wieder in dem von ihm geliebten Neorenaissancestil. Südlich des Gebäudes wurde eine Parkanlage angelegt, die sich nach Westen fast bis zum Froriepschen Garten (ehemals Bertuchscher Garten) erstreckte – hier spielte Carl Alexanders Wunschvorstellung eine Rolle, alle Parkanlagen der Stadt, von Schloss Belvedere angefangen, miteinander zu verbinden, was leider aus Kostengründen unterbleiben musste. Doch wer sollte das ambitionierte Projekt betreuen?

Der tschechische Architekt Joseph Zitek, den Friedrich Preller d. Ä. 1860 in Italien kennen gelernt hatte, wurde in Weimar empfohlen. Seine Aufgaben waren nicht gering. Er sollte die von Preller gestalteten Odysseusfresken angemessen »einbauen« und der monumentalen Goethestatue, entworfen von Bettina von Arnim und umgesetzt von dem in Rom wirkenden Bildhauer Carl Johann Steinhäuser, im Museum ein ideales Ambiente schaffen. Diese Statue war dem Großherzog aufgrund seiner lebenslangen Goethepassion – wuchs er doch noch gemeinsam mit Goethes Enkeln im Dunstkreis des großen Dichters auf – besonders wichtig. Das Museum sollte weiterhin den Weimarer Künstlern und Kunststudenten durch eine vorbildhafte Sammlung helfen, sich fortzubilden sowie auch den Kunsthandwerkern inspirierende Anschauung geben.

Der imposante Bau des Neuen Museums erhebt sich in zwei großen Geschossen über einem rustizierten Sockel. Vier Eckpavillons mit Zeltdächern unterstützen den kompakten Eindruck, den man von dem Gebäude erhält, das in der Mitte eine Treppenhauskuppel mit Oberlicht à la Palladio hat, während die vier umlaufenden Galerien mit teilweise verglasten Pultdächern gedeckt sind. An der Südfassade befindet sich der Haupteingang in der mittleren von sieben mit toskanischen Halbsäulen voneinander getrennten Bogenöffnungen. Erschließt sich über eine Freitreppe, die in die Halle und das zentrale Treppenhaus geleitet. Die Südfassade enthält in den Zwickelfeldern über den Bögen skulpturalen Fassadenschmuck von Robert Härtel. Hier sieht man die Genien der bildenden Kunst, Geschichte und Poesie sowie die Personifikationen der antiken wie der christlichen Kunst.

Das Neue Museum, eingeweiht im Jahr 1869, gehört zu den bedeutendsten deutschen Museumsbauten des 19. Jahrhunderts – und letztlich auch zu den frühesten Neorenaissancebauten Deutschlands, denn diese spezielle historistische Variante trat flächendeckend eigentlich erst nach dem Deutsch-Französischen Krieg 1871 auf, was zumindest von Nikolaus Pevsner als ein Ausdruck der Freude, der lauten theatralischen Geste gedeutet wird, die den siegreichen Bauherren nun möglich gewesen ist. Wenn man das Museum heute in seiner restaurierten Gestalt betritt, sollte man beden-

Neues Museum

Preller-Galerie im
Neuen Museum

ken, dass es bis 1993 quasi Kriegsruine war – durch Brandbomben und eine Luftmine beschädigt und dem Verfall preisgegeben.

Elf Jahre nach der Museumseröffnung konnte der kunstsinnige Carl Alexander, der erste Herzog Sachsen-Weimars, der für zwei Jahre in Leipzig und Jena an den Universitäten eine breit gefächerte Ausbildung erhalten hatte und sich ganz allgemein als Sachwalter des Goethe'schen Erbes verstand, in der so genannten Ziegelei am Karlsplatz (heute: Goetheplatz) ein weiteres »Kunstprojekt«, die »Permanente Kunstausstellung«, als Dependance des großherzoglichen Museums einrichten. Der einzige Raum der heutigen Nachfolgeeinrichtung ist allerdings nur das Rudiment einer ehemals großen, mindestens sieben Säle umfassenden Ausstellungsstruktur, deren Fassade 1897 an zwei Seiten mit Spolien, originalen gotischen Tür- und Fenstergewänden, die aus einem ehemaligen venezianischen Palazzo stammten, verkleidet wurde – auch dies war also ein Gebäude im Renaissancegeschmack des Großherzogs. Von Anfang an gehörte der Innenhof zur Aufstellung von Skulpturen zum Komplex. Es existierte noch nicht der nach außen abschließende Gebäuderiegel zum Goetheplatz. Als nach dem Tode Carl Alexanders Großherzog Wilhelm Ernst regierte und auf Empfehlungen hin Harry Graf Kessler zum ehrenamtlichen Direktor der Kunsthalle berief (1903–1906), wurde Weimar urplötzlich und unvermutet so etwas wie das deutsche Zentrum avantgardistischer Kunst – ganz zum Missfallen des Großherzogs.

Doch zurück in die zweite Hälfte des 19. Jahrhunderts, die »Silberne Zeit« von Weimar. Der Name nimmt Bezug auf den als »Goldene Zeit« empfundenen Klassizismus in der Baugeschichte und meint allgemein die damalige kulturschöpferische und ausstrahlende Kraft dieser Stadt, die zwar nicht den olympischen Rang aus der Zeit der Klassik erreichte, doch zumindest silberhell-glänzend war. In der Tat spielte Weimar auch in der zweiten Hälfte des 19. Jahrhunderts eine wichtige kulturelle Rolle in Deutschland, waren doch das durch Franz Liszt geprägte Musikleben, das Sprechtheater unter Franz von Dingelstedt mit den Hebbel-Uraufführungen sowie die Entwicklung, die die bildende Kunst hier durch die Kunstschule und die Ausstellungen nahm, sehr prononciert.

Dem entsprach ein Anwachsen der Stadtbevölkerung: Weimar, das zur Zeit von Goethes Tod ca. 10 000 Einwohner hatte, wurde attraktiv – um 1900 lebten bereits 28 489 Menschen hier (heute sind es knapp 60 000). Sowohl junge Leute wie Pensionäre siedelten sich an, wieder mussten neue Stadtviertel erschlossen werden, so etwa im Norden zwischen Bahnlinie und Asbach und im Süden von der heutigen Steubenstraße beginnend in Richtung auf die Gelmerodaer Höhe. Diese Maßnahmen wurden nach 1872 begonnen.

Im Süden von Weimar mussten die bis dahin noch offenen Flüsschen Lotte sowie der Wilde Graben überwölbt werden. Das Aufschüttgelände war gleichwohl nicht günstig für die Fundamentierung größerer Bauten. Dennoch wurde 1877 das Sophienstift am Sophienstiftsplatz (heute: Johann-Peter-Eckermann-Schule) hinter dem Theater errichtet. Der Schulbau von Karl Vent folgte dem Beispiel eines Palazzo in Trient und diente als Erziehungsanstalt für »höhere Töchter« – wie Weimar überhaupt bis zur Jahrhundertwende immer bekannter für eine solche meist hauswirtschaftlich-künstlerisch ausgerichtete Ausbildung für Mädchen aus besseren Häusern wurde. Etwa 100 solcher Institute oder Pensionen sollte es bald hier geben. In unmittelbarer Nachbarschaft des Stifts war schon fünf Jahre zuvor an der heutigen Gropiusstraße das Landeslehrerseminar entstanden (heute: Christoph-Martin-Wieland-Grundschule), ebenfalls im Neorenaissancestil von Karl Vent erbaut.

DIE »PERMANENTE KUNSTAUSSTELLUNG«, HEUTE: KUNSTHALLE »HARRY GRAF KESSLER«

› siehe Seite 112

SOPHIENSTIFT / LANDESLEHRERSEMINAR / SOPHIENHAUS

Seite 102: Treppenhaus im Neuen Museum mit überlebensgroßer Statue »Goethe und Psyche« von Carl Johann Steinhäuser nach Entwürfen Bettina von Arnims

Sophienstift

Sophienhaus

Nach Großherzogin Sophie, die durchaus mit reichlichen Mitteln ausgestattet aus den Niederlanden nach Weimar gekommen war, wurde das Sophienhaus benannt, eine diakonische Einrichtung in der Trierer Straße 2. Der auffällige rote Backsteinbau mit den drei Giebeln war 1884 bis 1886 unter Oberbaudirektor Julius Bormann errichtet worden, und zwar als Mutterhaus der zuvor von der Großerzogin gegründeten Sophienhausschwesternschaft sowie als Ausbildungsstätte für die Schwestern und als Krankenhaus.

Heute ist die Stiftung Sophienhaus Weimar die größte diakonische Einrichtung Thüringens, jedoch seit 1998 kein Krankenhaus mehr. Der Altbau, der in den 1930er-Jahren links einen glatt verputzten Anbau erhielt, beherbergt heute einen Teil des Alten- und Pflegeheims Sophienstift, das Seelsorgezentrum zur Ausbildung von Laienseelsorgern und einen Gästetrakt im zweiten Obergeschoss sowie im dritten Obergeschoss zehn Ruhestandswohnungen für ältere Sophienschwestern, die sich noch selbst versorgen können. Schön sind die sieben Emaillemedaillons mit den Werken der Barmherzigkeit, die die Eingangstür zur Hauskapelle im zweiten Geschoss rahmen. Die Sophienschwestern (seit den 1980er-Jahren auch -brüder), die ehemals nur ein Taschengeld erhielten, keine geregelten Arbeitszeiten hatten und ein quasi-monastisches Leben führen mussten, haben heute vielfach private Wohnungen und können verheiratet sein. Nach wie vor sind sie dem Orden aber in vielfältiger Weise verbunden und leben und arbeiten im Geiste der Stifterin.

Auf dem großen Terrain des Stifts ist auch eine Behindertenschule und die Weimarer Tafel zur Unterstützung sozial schwacher Mitbürger untergebracht. Des Weiteren gehen die sozialpädagogischen Dienste, logopädische und ergotherapeutische Einrichtungen sowie die Frühförderungsstelle von hier aus bzw. haben hier oder benachbart ihren Ort. Auch das Sophien- und Hufeland-Klinikum untersteht zur Hälfte der Stiftung Sophienhaus Weimar.

Großherzogin Sophie, der man außergewöhnliche karitative Aktivitäten bescheinigen kann, begründete auch das Blinden- und Taubstummeninstitut in Weimar und förderte die unterschiedlichsten karitativen Einrichtungen, vor allem zugunsten von Frauen und Kindern, die ihre Schwiegermutter Maria Pawlowna ins Leben gerufen hatte. Letztlich ist die Bewegung des Deutschen Roten Kreuzes von der russischen Zarentochter Maria Pawlowna ausgegangen.

KATHOLISCHE HERZ-JESU-KIRCHE

1888 bis 1891 entstand am westlichen Ende der Steubenstraße (damals: Brauhausstraße) die erste katholische Kirche Weimars nach der Reformation, erbaut vom Frankfurter Dombaumeister Max Meckel im Stil des spätgotischen Florentiner Doms – die Architektur des Vorbilds wurde hier vereinfacht nachgeschaffen. Wesentliche Merkmale sind das nach dem Vorbild kopierte Langschiff der Basilika, die hohe kuppelüberwölbte Vierung sowie der frei stehende Glockenturm.

Zur selben Zeit entstanden in kurzer Folge die Gebäude der Versicherungsgesellschaft »Union« von Otto Minckert im Renaissancestil, die Hauptpost am Goetheplatz im »Reichsstil« der Gründerzeit, die Thüringische Landesversicherungsanstalt an der Erfurter Straße sowie das heute der Dresdner Bank gehörende, damals als Landeskreditkasse gegründete Gebäude an der Steubenstraße. Für die beiden letzteren Bauten mit Frührenaissanceanmutung zeichneten Bruno Heinrich Eelbo und Karl Weichardt verantwortlich.

DAS GOETHE-UND-SCHILLER-ARCHIV

Walther von Goethe hatte verfügt, dass nach seinem Tod (1885) das Wohnhaus seines Großvaters samt den darin enthaltenen Sammlungen an den Weimarer Staat fallen sollte, der handschriftliche Nachlass Goethes und seine Korrespondenz jedoch an Großherzogin Sophie, zu der der sonst sozial schwierige Enkel Goethes, wie auch zu Carl Alexander, eine tiefe freundschaftliche Beziehung bewahrt hatte. Es wird überliefert, dass Großherzogin Sophie auf das Testament mit folgenden Wor-

Seite 106: Katholische Herz-Jesu-Kirche

Dresdner Bank

ten reagierte: »Ich habe geerbt, und Deutschland und die Welt soll mit mir erben.« Sie hatte begriffen, dass mit einer solchen Erbschaft sowohl eine Verantwortung wie eine Aufforderung verbunden waren. Ging es doch um die Archivierung und Konservierung eines der bedeutendsten Dichternachlässe überhaupt.

Nachdem die Großherzogin die Archivalien zunächst in den Räumen des Schlosses zwischengelagert hatte und dort auch die ersten Schritte zur Erarbeitung der Weimarer oder Sophien-Ausgabe der Werke Goethes vollzogen waren, wurde es notwendig, an ein veritables Archivgebäude zu denken. Die Goetheliebhaber und -forscher hatten seit der Öffnung des Goethewohnhauses nach des Enkels Tod Weimar auch als Memorialort der Klassikerverehrung wahrgenommen und zu dem Nachlass Goethes kam bald auch der von Schiller (1889) Hebbel, Herder und Wieland hinzu.

Für das Archivgebäude nahm sich Großherzogin Sophie das kleinere der beiden Lustschlösser im Park von Versailles zum Vorbild. Der bereits erwähnte Otto Minckert, der auch für das Schlachthofgebäude verantwortlich zeichnete, war der ausführende Architekt, der diesen »Palast« aus Berkaer Sandstein errichtete. Die Einweihung des auch mit großer finanzieller Hilfe der Goethe-Gesellschaft bewerkstelligten Baus erfolgte am 28. Juni 1896. Mehr als 60 geschlossene Nachlässe und Handschriften von mehr als 600 literarisch oder kulturhistorisch bedeutenden Persönlichkeiten vom frühen 18. Jahrhundert bis heute lagern hier, unter anderem die von Georg Forster, Georg

Seite 108: Goethe- und
Schiller-Archiv, Innenansicht

Goethe- und Schiller-Archiv

Büchner, Achim und Bettina von Arnim, Karl Immermann, Ferdinand Freiligrath, Fritz Reuter, Otto Ludwig ebenso wie Handschriften Thomas Manns und Johannes R. Bechers. Auch die Nachlässe Franz Liszts, der des Stadtbaumeisters Coudray und die zahlreicher Personen aus dem Goetheumkreis fanden hier Aufnahme. Heutzutage plant man neben vielen anderen literaturwissenschaftlichen und editorischen Unternehmungen die Erneuerung der großen Weimarer Sophien-Ausgabe der Werke Goethes in historisch-kritischer Form.

Aufbruch in die Moderne –
vom Jugendstil zur Bauhauszeit

Ohne Problem ist es möglich, die beiden im Titel genannten Begriffe – wären andere Orte als Weimar das Thema – zu trennen. In Weimar jedoch ergibt sich eines aus dem anderen, wird ein eindeutig in der Jugendstilmanier errichteter Bau wie das Kunstschulgebäude (heutiges Hauptgebäude der Bauhaus-Universität Weimar) zum »Tatort« der als Tollhäusler verschrienen Meister und Schüler des Bauhauses (1919–1925). Aus diesem Grunde erscheint es gerechtfertigt, diese beiden Epochen der Baugeschichte hier in einer zusammenhängenden Folge zu präsentieren, zumal die für die Entwicklung der Architektur erstmalig weltweit anregende Periode des Bauhauses, von wenigen Beispielen abgesehen, nur als virtuelle oder theoretische Beschäftigung in Weimar vorhanden war und ist. Die in der Bauhauszeit in Weimar entstandenen übrigen Gebäude hingegen sind eindeutig auch als eine kritische Reaktion auf die von den Neuerern proklamierten radikalen Grundsätze im Bauen anzusehen.

Protagonist des Jugendstils war eindeutig der belgische Maler, Architekt und Kunstgewerbler Henry van de Velde, der von 1902 bis 1915 in Weimar wirkte, wenngleich er sich nicht als Jugendstilkünstler sah, sondern immer als Vertreter eines »Neuen Stils«. Dies verlangt eine Erklärung: Henry van de Velde wendete sich in Wahrheit gegen die vorherrschende Richtung des Jugendstils, die aus den Bildern der englischen präraffaelitischen Maler übernommene, überladene, stilisiert naturalistische Ornamentik. Er selbst vertrat einen »abstrakten« Jugendstil. Die Linie wurde zum Ausgangspunkt seiner Richtung. Zu der ab 1900 allgemein wichtigen Frage nach der Funktion des Ornaments sagte er: »Eine Linie ist eine Kraft, die ähnlich wie alle elementaren Kräfte tätig ist; mehrere in Verbindung gebrachte, sich aber widerstrebende Linien bewirken dasselbe wie mehrere gegeneinander wirkende elementare Kräfte.« Diese Gedanken setzte van de Velde um, er führte auf Stoffen, Tapeten und Möbeln vor, dass die Formen an sich – ohne naturalistisch zu einer Blume, einem Tier usw. zu werden – einen dynamischen Ausdruck erreichen können. Damit war er zu dieser Zeit revolutionär. Gleichzeitig hatte auch van de Velde, gerade vor seinen Jahren in Weimar und ab 1900, etliche Anpassungen an den Publikumsgeschmack vollzogen und sich von den »einfachen, gesunden Prinzipien« entfernt, wie er es selbst formulierte. Er begriff die Arbeit in Weimar auch als eine Chance, um für die »Wiedergeburt des Geschmacks« zu kämpfen. Er ging gegen die Spezialisierung der Künste vor und strebte ein architektonisches Gesamtkunstwerk an, in welchem Malerei und Skulptur – wie schon im Mittelalter – dienende Funktionen haben sollten, ein Bauwerk, das in idealer Weise Funktionalität, Ästhetik und Dekor miteinander verbindet. Van de Velde hielt sich gerne im Umkreis von Harry Graf Kessler und Elisabeth Förster-Nietzsche auf und sein Haus wurde zu einem Treffpunkt der europäischen Avantgarde in der Kunst wie in der Literatur.

Als der Belgier 1902 in Weimar eintraf, hatte die noch zehn Jahre zuvor als Vorreiter wirkende Kunstakademie Weimars stark an Bedeutung eingebüßt. Nur noch zweit- und drittklassige Werke entstanden hier. Es war Harry Graf Kessler zu verdanken, dass der Europäer van de Velde von Großherzog Wilhelm Ernst als Leiter des »Kunstgewerblichen Seminars« eingesetzt wurde, das im Sinne der Ideen Carl Alexanders vorbildhaft für das in der Region angesiedelte Handwerk eine neue

Seite 111: Villa Ithaka

Formsprache entwickeln und die Handwerker schulen sollte. Es ging Graf Kessler und van de Velde um das »Neue Weimar«, eine dritte Epoche der Kunstentwicklung nach der Klassik und der »Silbernen Zeit«, doch dieser Wunsch war für viele Weimarer angesichts eines bis zum Ende des 19. Jahrhunderts sehr homogenen Stadtbildes fast eine Provokation.

› siehe Seite 103 Kesslers beispielhafter Einsatz für das »Neue Weimar«, das er gemeinsam mit van de Velde schaffen wollte, endete mit dem »Rodin-Skandal« im Jahr 1906. Der Graf hatte in der heutigen Kunsthalle Aktstudien von Auguste Rodin ausgestellt, die der Künstler enthusiastisch mit einer Widmung für den Großherzog Wilhelm Ernst versehen hatte. Man beschuldigte Kessler, dass er ohne Wissen und Einwilligung des Fürsten diese Werke angenommen habe, und es kam zum Eklat. Kessler demissionierte, wenngleich er bis 1935 seine Wohnung in der Cranachstraße behielt und weiterhin die Weimarer Atmosphäre schätzte, da sie in seinen Augen für das Zusammentreffen bedeutender Künstler ideal war.

Van de Velde hingegen, der eigentlich seinem Förderer folgen wollte, behielt seine Stelle. Das Kunstgewerbliche Seminar wurde zunächst im ehemaligen »Preller-Haus« an der Belvederer Allee installiert, während an der Kunstschule, die zur Hochschule für bildende Kunst avancierte, der Maler, Publizist und Architekt Paul Schultze-Naumburg (1869–1949) Professor wurde. Dessen Ideal waren die Häuser um 1800 und generell konstatierte er in der Zeit nach Goethes Tod einen kontinuierlichen kulturellen Niedergang. 1904 baute er sein erstes Haus. Einen größeren Gegensatz zu van de Veldes zukunftsorientierter, weltoffener Attitüde kann man sich kaum denken, daher kurz einige Prinzipien, die für Schultze-Naumburg wichtig waren und die er in seinem Hauptwerk, den neunbändigen »Kulturarbeiten« (1901–1917) niederlegte: Ihm war ausschließlich der äußere Baukörper wesentlich, die Funktionalität des Inneren, Grundrisse, die Bedürfnisse der in dem Haus wohnenden Menschen interessierten ihn kaum, ebensowenig die reine Zweck- oder auch Siedlungsbebauung. Sein Wohn- und damit Bauideal war die in einer parkähnlichen Umgebung frei stehende Villa – im Sinne etwa des erwähnten Römischen Hauses. Mit dieser Haltung bewies er eine Weltfremdheit, die gleichwohl an einen starken pädagogischen Eifer, den Wunsch der Geschmacksbildung der Bevölkerung (durch gute und schlechte Beispiele in seinen Büchern etwa), gekoppelt war. Die Geschichte nicht nur der Architektur widerlegte den neobiedermeierlichen Schultze-Naumburg, der ab 1930 überzeugter Nationalsozialist und Parteimitglied war und die Kunsthochschule Weimars zwischen 1930 und 1940 als Direktor leitete. Selbst die eigenen Parteigenossen sollten ihm in der Folge keine bedeutenden Aufträge mehr erteilen, da sie sich viel mehr für das moderne, funktionale Bauen interessierten.

VILLA ITHAKA   Schultze-Naumburgs bedeutendstes Projekt war in den Jahren 1913 bis 1917 die Errichtung von Schloss Cäcilienhof bei Potsdam für den Kronprinzen Wilhelm. In Weimar ist er außer durch sein Paradestück, die für den Schriftsteller Ernst von Wildenbruch 1907 erbaute Villa Ithaka am Horn 25, nur noch durch ein weiteres Beispiel vertreten: Das neunachsige zweigeschossige Haus mit Mansarddach und als Turm ausgebautem Mittelrisaliten könnte direkt dem ausgehenden 18. Jahrhundert entsprungen sein, die Putzquaderung des Sockels wiederum dem Klassizismus, wodurch sich das Gebäude eindeutig als verspätetes Zeugnis des Historismus entlarvt. Von der ehemals großzügigen und repräsentativen, terrassenförmig zum Ilmabhang hin gestalteten Parkanlage ist seit der Bebauung des Parks mit Mehrfamilienhäusern in den 1990er-Jahren nichts mehr übrig geblieben. Auch die Villa Ithaka hat heute zahlreiche Mieter statt einen sehr wohlhabenden.

Atelierhaus

Doch nicht nur die beiden unversöhnlichsten Pole im Baugeschmack koexistierten im Weimar jener Jahre, es gab auch Zwischenpositionen. So wurde 1903 von Weimarer bildenden Künstlern, die als eine Genossenschaft eingetragen waren, ein Bau in Auftrag gegeben (unbekannter Architekt), der einem äußerst zurückhaltenden Jugendstil ohne alle Ornamentik, lediglich mit einer stiltypischen Fenster- und Türoptik operierend, verpflichtet ist. Das Atelierhaus wurde 1904 errichtet und im März des folgenden Jahres konnten die Erdgeschossräume bezogen werden. Über insgesamt zwölf Ateliers verfügt das Haus heute – die Genossenschaft verkaufte es 1941 an die Stadt Weimar, die die Ateliers vermietete, was sich auch in der Zeit der DDR bei gleichwohl sehr eingeschränkter Gebäudeinstandhaltung fortsetzte. Nach der Wende wurde das Gebäude aufgrund seiner kulturellen Bedeutung wie seiner architektonischen Schönheit unter Denkmalschutz gestellt und einer denkmalpflegerischen Sanierung unterzogen (abgeschlossen 1998). Wie schon zur Entstehungszeit arbeiten hier regional angesiedelte bildende Künstler, die jeweils ein Atelier gemietet haben.

Eine weitere, sich sowohl von Schultze-Naumburgs wie von van de Veldes Stil unterscheidende Richtung muss erwähnt werden, weil gerade sie im Weimarer Stadtbild sehr präsent ist: die des erfolgreichen Weimarer Architekten Rudolf Zapfe (1860–1934), der die Art des Jugendstils vertrat, die van de Velde ablehnte. Neben dem Haus Trierer Straße 65 (1903) und dem Haus Cranachstraße 9 aus dem gleichen Jahr errichtete er 1904 auch das vor kurzem aufwändig restaurierte Haus Graben 39, das durch seine violette Fassadenfarbe, vor der die Fassung der floralen Ornamente

ATELIERHAUS

JUGENDSTILBEBAUUNG DURCH RUDOLF ZAPFE

Seite 114: Jugendstilbebauung Cranachstraße 9, Hansa-Haus, Graben 39, Trierer Straße 65

113

Deutsches Nationaltheater
Weimar

ungleich stärker hervortritt, ins Auge sticht. Das Haus wie die übrigen dem Jugendstil zuzuordnenden Gebäude (zahlreich auch in der Paul-Schneider-Straße) spielt mit einer phantasievoll rund gestalteten Balkonlösung. Typisch sind auch die verschiedenfarbigen rechteckigen Fensterscheibenteile in den Oberlichtern der Außenverglasung. Andere Häuser, so das leider bisher unrestaurierte Nebengebäude Nr. 41, spielen mit asymmetrisch gesetzten Gebäudevor- und rückstellungen und lockern so das bis dato allzu ruhige Bild einer abstandslosen Straßenbebauung sehr auf. Zapfe errichtete 1905 auch das wegen seiner Größe auffällige, erst kürzlich sanierte Hansa-Haus am Wielandplatz 6 mit großer Kupferkuppel, jedoch zurückhaltender Ornamentik. Wie in allen vorigen Epochen auch wurde in Weimar die plastische Jugendstilornamentik am Bau oft mit früheren, in diesem Falle neobarocken und neoklassizistischen Formtypen, gemischt.

Hauptgebäude der
Bauhaus-Universität

WEIMARER HOFTHEATER,
HEUTE: DEUTSCHES
NATIONALTHEATER

Für einen repräsentativen und für Weimar und seine Kulturtradition geradezu paradigmatischen Bau wählte Großherzog Wilhelm Ernst im Jahr 1905 mit Max Littmann aus München einen für seine mittlerweile veraltete neoklassizistische Formensprache bekannt gewordenen Architekten. Gemeint ist das neue Weimarer Hoftheater. Das alte von 1825 war keineswegs in einem unrettbaren Zustand, van de Velde, der ebenfalls einen Entwurf abgeliefert hatte, bezeichnete es sogar als Vandalismus, das Gebäude abzureißen. Allgemeine Bekanntheit erhielt das neue Hoftheater vor allem als Ort, an welchem 1919 die Weimarer Republik gegründet und die erste deutsche Verfassung verabschiedet worden war. Daraufhin erhielt es den Namen »Deutsches Nationaltheater«. 1908 feierlich eröffnet, wurde es 1945 von einer Bombe getroffen und in den Jahren 1946 bis 1948 im Stil der Sachlichkeit unter Beibehaltung der neoklassizistischen Fassadenmerkmale wieder aufgebaut.

GOETHE-NATIONALMUSEUM
› siehe Seite 54 ff., 80 ff.,
132, 147

1913 erhielt schließlich auch das Goethehaus den schon lange gewünschten schlichten, sich im Westen an das barocke Gebäude anpassenden Museumsanbau. Ursprünglich – und auch jetzt wieder – beherbergt der Bau Goethes naturwissenschaftliche und Kunstsammlungen.

DIE KUNSTSCHULE, HEUTE:
HAUPTGEBÄUDE DER BAU-
HAUS-UNIVERSITÄT

Angesichts des Unverständnisses, das sowohl der Großherzog wie die Bevölkerung van de Velde entgegenbrachten, ist es erstaunlich, dass die Errichtung der neuen Kunstschule 1904 bis 1911 am Platz der alten Kunstschule sowie der Kunstgewerbeschule 1905/06 tatsächlich ihm anvertraut wurde. In seiner Weimarer Zeit hat er darüber hinaus zwar zahlreiche Aufträge durch die Industrie

und von Privatleuten erhalten, ist jedoch in keiner Situation mehr vom Staat berücksichtigt worden. Bei dem Kunstschulgebäude, von dem nur der östlich des Treppenhauses gelegene Teil von van de Velde betreut wurde (die Fertigstellung besorgte Fritz Mackensen), handelt es sich um einen dreigeschossigen neunachsigen Bau mit ausgebildetem Mansardgeschoss und großen Fensterflächen, die sofort an Künstlerateliers denken lassen. Die mittleren drei Achsen treten risalitartig hervor, hier schließt sich rückseitig das halbrunde Treppenhaus mit der sich eindrucksvoll emporschwingenden Treppe an. Auf dem Dach bildet eine Laterne den Abschluss.

Im Vergleich zum Kunstschulgebäude erscheint die Kunstgewerbeschule wesentlich filigraner. Der zweiflügelige Bau besteht nur aus Erdgeschoss und ausgebauter Mansarde. Der Haupteingang liegt im abgeschrägten Winkel. Besonders typisch für van de Veldes Stil ist der nahezu hufeisenförmige, plane Giebel auf der Südseite. Ab 1919 hat das Bauhaus dieses Gebäude genutzt, in dessen ungewöhnlich von oben belichtetem Treppenhaus ein Wandbild und zwei Reliefs von Oskar Schlemmer eingebracht wurden (wir sehen heute ihre Rekonstruktionen).
Van de Velde bildete in der Kunstgewerbeschule Keramiker, Metallarbeiter und Ziseleure, Holzdesigner, Goldschmiede, Emaillebrenner, Weber, Teppichknüpfer und auch Buchbinder aus. Der Buchgestaltung gehörte seine ganze Liebe. Gemeinsam mit Otto Dorfner aus Weimar, der ab 1910 die Buchbinderwerkstätte der Kunstgewerbeschule leitete, gestaltete van de Velde zahlreiche bedeutende handvergoldete Bucheinbände.

Links: Giebel des Werkstattgebäudes der Bauhaus-Universität
Rechts: Werkstattgebäude der Bauhaus-Universität

DIE KUNSTGEWERBESCHULE, HEUTE: WERKSTATT-GEBÄUDE DER FAKULTÄT GESTALTUNG DER BAUHAUS-UNIVERSITÄT
› siehe Seite 122

Nietzsche-Archiv, Innenausstattung von Henry van de Velde

NIETZSCHE-ARCHIV

Bereits 1903 hatte van de Velde den Umbau und die Neugestaltung einer Inneneinrichtung übernommen, die ihm weit über Weimar hinaus großen Beifall sichern sollte. Sie befand sich in dem Haus, in welchem Friedrich Nietzsche von 1897 bis zu seinem Tod 1900 gelebt hatte, der »Villa Silberblick« in der Humboldtstraße. Nach dem Tod des Philosophen wurde das Gebäude als Nietzsche-Archiv bezeichnet: Im Auftrag von Nietzsches Schwester, Elisabeth Förster-Nietzsche, die ihren Bruder bis zuletzt pflegte und es sich zur Lebensaufgabe gemacht hatte, seinen Nachlass zu verwalten und herauszugeben (was mit erheblichen Streichungen, Umdeutungen und Verzerrungen vonstatten ging), gestaltete van de Velde die Eingangstür sowie den Putz neu, vor allem jedoch die Einrichtung der im Erdgeschoss liegenden repräsentativen Räume. Hier stand Frau Förster-Nietzsche in den ersten Jahren des Jahrhunderts einem bedeutenden Zirkel vor. Edvard Munch porträtierte sie, das weltläufige Ehepaar von Nostitz war zu Gast, daneben kamen auch Stefan George, Gerhart Hauptmann, Hugo von Hofmannsthal, Paul Ernst, Ludwig von Hofmann, Else von Guaita, Richard Dehmel und viele andere. Das Ensemble aus Bücherschränken, Glasvitrinen und elegant mit altrosa Stoff gepolsterten, eingebauten Sitzgarnituren besticht, beherrschend ist jedoch eindeutig die Nietzsche-Herme von Max Klinger, deren Original heute im Eingangsbereich der Stiftung Weimarer Klassik und Kunstsammlungen im Residenzschloss steht. Der Kamin wird bekrönt durch ein goldenes »N«. Deutlich ist hier die Übernahme der Verehrungsgesten, die einst lediglich den Herrscherhäusern vorbehalten waren, in das Reich des Geistes. Um 1903 zollte man dem toten Philosophen in Weimar symbolisch Tribut.

HAUS »HOHE PAPPELN«

In das Jahr 1908 fällt für van de Velde ein weiterer zentraler Bau, der seines eigenen Wohnhauses in der Belvederer Allee 58. Das Haus »Hohe Pappeln« wirkte auf die damalige Bevölkerung nachgewiesenermaßen befremdend. Die ungewohnte Proportionierung – man hat unlängst die Form nicht unrichtig mit einem Schiff verglichen – und der verwinkelte Grundriss bei gleichzeitigem Fehlen aller Ornamentik, alles Verspieltem trugen hierzu bei. Dieses Haus, so wollte es die neue Lehre des Architekten, war ganz im Gegensatz zu Paul Schultze-Naumburgs gleichzeitigen Bauten

ganz und gar von innen geplant, nicht zuletzt auf der Grundlage der Bedürfnisse einer Familie mit vier Kindern. Zentrum des Erdgeschosses ist die runde Halle, aus welcher eine weiße Treppe nach oben führt. Sie war lediglich mit einem schwarzen Flügel und einer schwarzen Lampe, dazu matt-roten Sofas möbliert. Heute kann man das Haus »Hohe Pappeln« besichtigen und findet hier etliche der Möbel vor, die van de Velde entworfen hat, wenngleich auch nicht immer für dieses Haus.

Auch für den Grafen Kessler hatte van de Velde in Weimar ein Haus eingerichtet. Es steht noch in der Cranachstraße 15, jedoch existiert die Einrichtung nicht mehr. Ein weiteres Haus baute van de Velde in der Cranachstraße 47 für den Grafen Friedrich von Dürckheim-Montmartin (1912/13). Heute ist es ungenutzt und steht zum Verkauf. In der benachbarten Gutenbergstraße 1a errichtete er die eindrucksvolle »Villa Henneberg«, in der heute der Waldorf-Kindergarten untergebracht ist. Mit Beginn des Ersten Weltkrieges wurde van de Veldes Existenz als »Ausländer« in Weimar für ihn unerträglich, zumal er erfuhr, dass der Großherzog heimlich einen Nachfolger für ihn gesucht hatte. Konsequenterweise reichte er seine Entlassung ein. Ein Jahr später wurde die Kunstgewerbeschule geschlossen. Doch auch ganz generell kann gesagt werden, dass der Erste Weltkrieg den Jugendstil beendete. Van de Velde sollte Nachfolger vorschlagen und nannte August Endell, Hermann Obrist und Walter Gropius.

Henry van de Velde zählt neben Gottfried Semper, John Ruskin und William Morris auch inhaltlich zu den historischen Wegbereitern des Bauhauses. Sie all glaubten an die »Einheitsidee«, die Einheit aller angewandten künstlerischen und kunstgewerblichen Sparten, die der Architektur und der Herstellung der Güter des Lebensgebrauchs dienen sollten. Hierbei dachten sie vor allem auch an eine industrielle Produktion der künstlerisch gestalteten »Prototypen«. Insofern passte die Satzung des Bauhauses, die Gropius wenig später formulierte, durchaus in das politische Klima der Arbeiterräte der Jahre 1918/19: »Das Bauhaus will Architekten, Maler und Bildhauer aller Grade je nach ihren Fähigkeiten zu tüchtigen Handwerkern oder selbständig schaffenden Künstlern erziehen und also eine Arbeitsgemeinschaft führender und werdender Werkkünstler gründen, die Bau-

Links: Haus »Hohe Pappeln«
Rechts: Eingangshalle

VAN DE VELDES BAUTEN
UND EINRICHTUNGEN
IN WEIMAR

DAS STAATLICHE BAUHAUS
IN WEIMAR (1919–1925)

werke in ihrer Gesamtheit – Rohbau, Ausbau, Ausschmückung und Einrichtung – aus gleich geartetem Geist heraus einheitlich zu gestalten weiß.«

1918 erfolgte die nach dem Ersten Weltkrieg in allen Fürstentümern vollzogene Abdankung der Regenten. Gropius, der mit seiner Bewerbung noch unter dem Großherzog ein Konzept zur Reformierung der Ausbildung von Kunstgewerblern vorschlug, wurde zunächst von der Provisorischen Republikanischen Regierung des Freistaates Sachsen-Weimar 1919 als Direktor der Kunsthochschule sowie der Kunstgewerbeschule Weimars eingestellt und später dann vom Thüringer Landtag bestätigt. Ihm schwebte eine weit reichende Reform vor: Er fusionierte die Kunstschule mit der Kunstgewerbeschule und schuf so das neue Staatliche Bauhaus. Die Bauhauswerkstätten sah er als Laboratorien, die Modelle für Geräte oder Gegenstände entwarfen, die dann im industriellen Verfahren gefertigt werden sollten. Qualität und Funktionalität waren hierbei ausschlaggebend: »Wir suchten einen Standard hoher Qualität zu entwickeln, nicht modische Neuheiten zu schaffen.« Das übergeordnete Ziel war die Befreiung des Menschen von der Bürde der Lebensorganisation, denn sobald das Leben reibungslos organisiert wäre, könnte der Mensch freier und ungebundener sein. Alle zum Bau gehörigen Disziplinen sollten wie einst in der mittelalterlichen Dombauhütte zusammenarbeiten. In seinem Manifest von 1919 erklärte er: »Architekten, Bildhauer, Maler, wir alle müssen zum Handwerk zurück! Denn es gibt keine ›Kunst von Beruf‹. Es gibt keinen Wesensunterschied zwischen dem Künstler und dem Handwerker. Der Künstler ist eine Steigerung des Handwerkers ...«

Doch erst nach dem Umzug des Bauhauses nach Dessau konnten sich die jungen Bauhausideen wirklich durchsetzen. Als Beweise hierfür könnten gelten, dass zahlreiche Hochschulen im In- und Ausland ihre Lehre fortan nach dem Muster des Bauhauses organisierten und vor allem, dass die Industrie Modelle des Bauhauses in Serie zu produzieren begann und dafür die Mithilfe ehemaliger Bauhausabsolventen suchte.

Gropius selbst hatte hingegen in Weimar sofort Probleme. Obgleich er Architekt war, krankte die Bauhausidee doch über die Jahre seines Direktoriums am Fehlen einer strukturierten Architektenausbildung. Erst 1924, nach dem Erfolg der Bauhausausstellung 1923 in Weimar und dem Bau des Versuchshauses am Horn, wurde die Architekturabteilung des Bauhauses formell bestätigt. Es bildete sich eine kleine Arbeitsgemeinschaft enthusiastischer Studenten, unter ihnen Marcel Breuer und Farkas Molnár. Gropius hatte noch im letzten Semester 1924/25 das Fach bauliches Entwerfen unterrichtet und seine begabten Studenten – Fred Forbat, Farkas Molnár, Marcel Breuer, Joost Schmidt, Otto Meyer-Ottens, Emil Lange, Erich Brendel und Heinz Nösselt, die alle in der Folge Karriere machen sollten – stark in sein Architekturbüro eingebunden. Doch dann entschied sich die inzwischen vollkommen gegen das Bauhaus gerichtete rechtslastige Thüringer Landespolitik für die Schließung dieser weltweit avantgardistischsten und folgenreichsten Bildungsinstitution auf dem Bau- und Designsektor des beginnenden 20. Jahrhunderts.

DAS »GROPIUS-ZIMMER«
IM HAUPTGEBÄUDE DER
BAUHAUS-UNIVERSITÄT

An Walter Gropius erinnert im ersten Obergeschoss des Hauptgebäudes das Direktoren- oder »Gropius-Zimmer«, das er selbst zusammen mit dem Vorzimmer und dem Versuchs- oder Musterhaus am Horn als herausragende Einrichtungs- und Architekturbeispiele seiner Hochschule zur Bauhausausstellung 1923 geplant hatte. Wenig später war das seine Raumtheorie illustrierende Zimmer, das überdies zur Ausstellung leider nicht ganz fertig geworden war, allerdings schon wieder Vergangenheit (wir sehen heute eine sorgfältig recherchierte Rekonstruktion): Teils nahm Gropius die Möbel mit nach Dessau, teils wurden sie vom Otto Bartning 1930 nachfolgenden

Seite 121: Gropius-Zimmer

Direktor Paul Schultze-Naumburg entfernt, der alles eliminierte, was an das Bauhaus erinnerte. Neben den Gemälden der modernen Kunst aus den Kunstsammlungen, die er abhängen ließ, waren es die Wandfresken von Oskar Schlemmer im Treppenhaus des Werkstattgebäudes, die abgeschlagen wurden.

Gropius selbst hatte keine spezifischen Aufzeichnungen zur Zimmereinrichtung hinterlassen, deshalb einige grundsätzliche Gedanken aus seiner Raumtheorie: Raum ist für Gropius ein dreifach in stofflichen, mathematischen und transzendentalen Raum geschiedener philosophischer Begriff. Er besteht aus Zahl und Bewegung und bezieht sich auf die Möglichkeit der schöpferischen und praktischen Einflussnahme des Menschen, bei welcher aber die Zweckmäßigkeit das oberste Prinzip bleibt. Gropius entspricht damit den expressionistischen Theorien des Bauhausprogramms von 1919. Für ihn wichtige »symbolische« Formen sind Dreieck, Quadrat und Kreis, ihre abgeleiteten Flächenformen (Würfel, Kugel usw.) und die mittelalterliche Triangulation.

Entscheidend an seinem Direktorenzimmer ist daher die Grundstruktur des Raums, die auf einen Würfel von fünf mal fünf mal fünf Metern zurückgeführt werden kann. Dies erreichte Gropius durch Einführung eines mit Vorhang abgetrennten Vorraums. In den großen Kubus des Raums eingeschrieben konstruierte er dann einen kleineren Kubus, definiert durch Wandbespannungen, Vorhang und Teppich am Boden (ebenfalls aus der Bauhauswerkstatt, zunächst von Benita Otte), wobei das Verhältnis des größeren zum kleineren Kubus in der Kantenlänge dem Goldenen Schnitt entspricht. Weitere Einrichtungsgegenstände sind eine moderne Beleuchtungsanlage (von Siemens entwickelt), der selbst entworfene Schreibtisch und gelbe Sessel, ein Sofa, zwei Mäanderregale, ein Eckregal, ein kleiner Tisch, Leuchten von Jucker/Wagenfeld und ein Wandbehang, gestaltet von der Bauhausabsolventin Else Mögelin.

Die Entwicklung und der Bau des Versuchshauses am Horn war als Gemeinschaftsaufgabe aller Bauhausangehörigen, Meister wie Schüler, wichtiger Bestandteil der Bauhausausstellung 1923. Die Stadt Weimar hatte am jenseitigen Ufer der Ilm, am Ende der Straße Am Horn, ein Grundstück für eine Mustersiedlung bereitgestellt. Doch die Siedlungsidee der Bauhäusler wurde von der Stadtverwaltung verworfen. Sie lehnte die eingereichten Pläne für die ersten vier Doppelhäuser mit der Begründung ab, im ehrwürdigen Weimar seien derartig moderne Häuser unzumutbar. Hinzu kam die Inflation, die die siedlungsgenossenschaftlich organisierte Umsetzung verhinderte. Lediglich das Muster- oder Versuchshaus konnte am Horn 61 realisiert werden. In einem demokratischen Verfahren wurden die Ideen für dieses Haus bewertet. Neben etlichen Studenten hatten auch Georg Muche, der jüngste Meister (und Maler) am Bauhaus, und Walter Gropius einen Entwurf vorgelegt. Gropius' Entwurf, der seinen Typen aus dem »Baukasten im Großen«, also einer asymmetrischen Würfelkonstruktion entsprach, wurde zugunsten von Muches symmetrischem Grundrissschema, das auf einem Quadrat mit eingeschriebenem zentralem Wohnbereichsquadrat und umlaufenden Einzelräumen basierte, abgelehnt. Neu an Muches Entwurf war vor allem, dass die verschiedenen Lebensbereiche der Kleinfamilie sehr funktionalistisch geplant wurden. Das Versuchshaus war außerdem als kostengünstig kalkuliertes, gut isoliertes, in moderner Bautechnik realisiertes, einstöckiges Einfamilienhaus mit Flachdach geplant. Es war für mittelständische Familien gedacht und von den Bauhauswerkstätten mit Möbeln und Einrichtungsgegenständen, Teppichen, Lampen usw. ausgestattet worden, sodass es tatsächlich das widerspiegelte, was das Bauhaus sein wollte: eine integrale Ausbildungsstätte zum Nutzen des wohnenden Menschen. Heute ist das Versuchshaus der Bauhaus-Universität zugeordnet und öffentlich zugänglich.

Seite 122: Musterhaus am Horn
Seite 123: Innenraum im
Musterhaus am Horn

Zu den wenigen weiteren Baudenkmälern aus der Bauhauszeit gehört das ehemalige Wohnhaus »Lessner« in der Freiherr-vom Stein-Allee 34, das 1922/23 als Arbeit des van de Velde-Meisterschülers und Weimarer Architekten Thilo Schoder (1888–1979) entstand. Die großzügige Villa in konventioneller Bautechnik weist mit den Terrassen, Erkern, Balkonen und einem vielfach gestuften Dach sehr stark plastische Formen auf, die auch den Einfluss Frank Lloyd Wrights verraten. Heute ist das Haus wieder in Privatbesitz, nachdem in den Jahren 1948/49 hier ein wichtiges Weimarer Café, das »Tusculum«, residierte.

Etwas außerhalb Weimars in Gelmeroda findet sich an der Berkaer Straße 55 ein für die Entwicklung der Nachkriegsarchitektur im Wohnungsbau folgenreiches Gebäude. Es ist das Einfamilienhaus, das der Architekt Ernst Neufert 1929/30 für sich errichtete, ein »Experimentalbau«, der innerhalb von sechs Wochen bezugsfertig war. Angeregt durch die amerikanische Holzskelettbauweise hatte Neufert den auf einem massiven Kellergeschoss von zehn mal zehn Metern errichteten zweigeschossigen Bau mit Walmdach völlig durchrationalisiert. Den Prinzipien des »Neuen Bauens« verpflichtet, ist das Haus ein Vorreiter auch in Bezug auf die Maße seiner quadratischen Fenster, die allerdings erst nach dem Krieg in Serie gingen.

Neufert hatte an der Baugewerkeschule in Weimar studiert, dann im Büro von Gropius gearbeitet, war auch mit diesem 1925 nach Dessau gegangen, um 1926 bis 1930 als Professor an die Hochschule für Handwerk und Baukunst nach Weimar zurückgerufen zu werden, wo er unter Otto Bartning die Architekturabteilung leitete. Seine eigentliche Mission war »der Neufert«, die von ihm 1936 erstmals herausgegebene Bauentwurfslehre. DIN-Normen vergleichbar legte Neufert Maße für alle Elemente eines zu entwerfenden Hauses fest. Die Bauentwurfslehre, vielfach erweitert und modifiziert, liegt heute in der 37. Auflage vor.

WOHNHAUS »LESSNER«

Links: Wohnhaus »Lessner«
Rechts: Wohnhaus »Neufert«

WOHNHAUS »NEUFERT«

Monumentalismus, Heimatstil und Barbarei –
Weimar zur Zeit des Nationalsozialismus

Bereits im vorigen Kapitel war mit Paul Schultze-Naumburg eine für Weimar wichtige Persönlichkeit genannt worden, die zunächst konservativ, dann ab 1930 eindeutig nationalsozialistisch argumentierte. Auch viele andere Weimarer Intellektuelle bewegten sich damals nicht nur in traditionellen Geschmacks- und Geistesbahnen, sondern traten gegen die demokratische Verfassung der Weimarer Republik ein. Hier sind unter anderen die Schriftsteller Ernst Wachler, Adolf Bartels, Johannes Lehmann-Hohenberg sowie Friedrich Lienhard zu nennen. Mit ihren stark rezipierten Büchern hatten sie es gerade nach dem verlorenen Ersten Weltkrieg und seinen in den Augen vieler schmählichen Auswirkungen für Deutschland leicht, im antirepublikanischen Milieu Weimars Anhänger zu gewinnen. Bereits 1920 hatte sich die damals noch relativ unbedeutende NSDAP in Weimar versammelt, 1924 schon kam es hier zum – verbotenen – Reichsparteitag und 1925 besuchte erstmals Adolf Hitler die Stadt. So wird verständlich, warum sich von Beginn an in Weimar eine Opposition gegen das Bauhaus bilden konnte. Als 1925 im Weimarer Landtag die rechtskonservativen Parteien die Mehrheit erlangten, war die Vertreibung des Bauhauses beschlossene Sache. Gleichzeitig fassten die Nationalsozialisten in Weimar (und ganz Thüringen) mehr und mehr Fuß, woran besonders der Hitler treu ergebene Fritz Sauckel (ab 1927 Gauleiter Thüringens) sowie der Herausgeber des NS-Kampfblattes »Der Nationalsozialist« Hans Severus Ziegler starken Anteil hatten. Bereits 1932, also noch vor Hitlers eigener Machtübernahme, wurde Thüringen als erstes Land des Deutschen Reiches nationalsozialistisch regiert.

Auch eine zum »Neuen Weimar« gehörende Persönlichkeit wie Elisabeth Förster-Nietzsche stand inzwischen unverrückbar auf Hitlers Seite und interpretierte den verstorbenen Bruder erneut um, diesmal zum Wegbereiter des Nationalsozialismus. Hitlers Vorliebe für diese einerseits von Kultur durchdrungene, andererseits ihm politisch so loyale Stadt, die zum Dritten auch noch der symbolische Ort der überwundenen Zeit der Weimarer Republik war, ließ in ihm den Wunsch reifen, gerade hier die nationalsozialistische Macht zu entfalten und einen der neuen Kulturpolitik verpflichteten Ort zu kreieren. Über 30 Besuche Hitlers in Weimar bis 1944 sind belegt.

Was aber ist nun als nationalsozialistische Architektur in Weimar anzusprechen? Bis Ende der siebziger Jahre des 20. Jahrhunderts waren Untersuchungen zu diesem Thema tabu. Vielfach kann man lesen, eine eigentlich nationalsozialistische Architektur gebe es gar nicht, die deutsche Architektur der dreißiger Jahre sei vergleichbar mit der europäischen und nordamerikanischen Formensprache der Zeit, es seien lediglich grobe Richtungen auszumachen. Die öffentliche Architektur sei gekennzeichnet durch einen klassizistischen Monumentalismus, detailarm und vereinfachend, mit glatten Wänden, steinernen Fenstergewänden und sparsam strukturierten Kolonnaden. Der Wohnungsbau hingegen antworte auf ein Bedürfnis nach Regionalismus und Traditionalismus verbunden mit neuem Funktionalismus. In Deutschland hat man für diese Art Siedlungsbau den Begriff »Heimatstil« geprägt.

Für Weimar kann man Beispiele einer sowohl monumentalistischen Architektur wie des Heimatstils ausmachen und schließlich noch eine dritte Form, die ich mit dem paradigmatischen KZ-Bau

Seite 127: Zaun des KZ Buchenwald

Links: Von Innen zu
lesende Inschrift im
Tor des KZ Buchenwald
Rechts: Torbau

DAS KONZENTRATIONS-
LAGER BUCHENWALD
› *siehe Seite 134 f., 140*

als die der Barbarei bezeichnen möchte. In die Jahre 1936 bis 1938 fiel die gleichzeitige Errichtung von drei unterschiedlich orientierten Bauten, die dennoch alle eine enge Beziehung zu Hitler und seinem neuen Staat aufweisen und Weimar als nationalsozialistische Stadt kennzeichnen: das Konzentrationslager Buchenwald, das Gauforum und der Neubau des Hotels Elephant.

Kurz nachdem Weimar als Standort für ein so genanntes Gauforum ausgewählt worden war, entschied sich die NSDAP-Führung gleichfalls für die Umgebung Weimars als Standort eines Konzentrationslagers nach dem neuen Typ von Dachau. Etwa 8000 Häftlinge und SS-Mannschaften sollten untergebracht werden. Im Juni 1937 begann man auf dem Ettersberg, einem Naherholungsgebiet der Weimarer sieben Kilometer nordwestlich der Stadt, das Konzentrationslager Buchenwald zu errichten. Das Gebiet von zunächst 104 Hektar wurde im Laufe der Jahre auf 190 Hektar erweitert. Landwirtschaftlich war das nur mit Wald bewachsene Gelände, das jedoch auch abbaubaren Ton und Stein bot, nicht nutzbar. Die SS baute die ersten Baracken, die weitere Arbeit erfolgte durch die Häftlinge selbst. Sie rodeten und bauten sowohl ihre eigenen Holzbaracken (die genormte Holzbaracke des Reichsarbeitsdienstes) sowie auch die übrigen Lagereinrichtungen. Der zuständige SS-Bauleiter war Robert Riedl, der bereits »Lager-Architekt« des KZs Sachsenhausen (1936/37 errichtet) gewesen war. Bis 1940 konnte die Ausgangsstruktur, sowohl die neun dicht gestaffelten Barackenreihen des »Schutzhaftlagers« sowie die Bauten des SS-Bereichs, fertig gestellt werden. Doch auch danach entstanden immer wieder neue Bauten auf dem Gelände. Neben der »Blutstraße«, einer fünf Kilometer langen Betontrasse, wurden auf dem Lagergrund auch der Komplex für die Rüstungsproduktion »Gustloff II« errichtet sowie ein eigener Eisenbahnanschluss installiert.

Alle Gebäude der SS wie auch die der Infrastruktur des Lagers dienenden Einrichtungen (Infektionsgebäude, Krematorium, Torbau mit Zellen usw.) wurden als massive verputzte Steinbauten mit Lochfassade und Zeltdach im Stil der Heimatschutzbewegung ausgeführt – besonders berüchtigt waren die auf dem Lagergelände befindlichen Blocks 46 und 50, wo das so genannte Hygiene-Institut der Waffen-SS unter Leitung von Dr. Ding-Schuler Fleckfieber- und Virusforschung an lebenden Menschen betrieb. Hohe Offiziere der SS erhielten außerhalb des Lagerbezirks eine frei stehende Villa im Wald. Je nach hierarchischem Grad stuften sich dann die Unterkünfte herab bis zum Mannschaftsdiensthabenden, der in der SS-Kaserne ein Zimmer mit einem Kameraden teilte. Als besonders repräsentatives Gebäude wurde der SS-Falkenhof (oder auch: Falkenhaus), ein Geschenk für Hermann Göring, im »altgermanischen« Stil erbaut: Es handelte sich um ein massives Eichenholzhaus mit Schnitzereien, ebenfalls handgeschnitzten Jagdmöbeln, Kaminen und Jagdtrophäen in der Jagdhalle (Gebäudereste sind noch erhalten). In unmittelbarer Nachbarschaft, im Falknerhaus, einer primitiveren Unterkunft, wurden europäische Prominente gefangen gehalten, die man im Unklaren über ihren Aufenthaltsort ließ: Léon Blum, Edouard Daladier und Prinzessin Mafalda von Savoyen, die hier an Typhus starb. Doch über diese prominenten politischen Gefangenen hinaus war Buchenwald auch ein Ort, an dem vielfach Künstler, intellektuelle »Politische« und Wissenschaftler inhaftiert wurden. Die heute Berühmtesten waren die damals Jugendlichen Imre Kertész, Jorge Semprun und Elie Wiesel sowie Eugen Kogon, Ernst Wiechert, Bruno Apitz und Stéphane Hessel. Die Greuel von Buchenwald nahmen zu, je länger der Krieg dauerte. Im Zuge der Niederlagen in den östlichen Gebieten kam es zu einer Überfüllung dieses Lagers und daraus resultierendem massenhaftem Sterben der Insasssen unter den unzureichendsten hygienischen Bedingungen und mangelhaftester Versorgung.

Bereits im August 1945, also nur vier Monate nach der Befreiung des Lagers durch die Amerikaner, wurde auf dem Gelände des KZ Buchenwald ein Internierungslager unter Leitung des NKWD der Sowjetunion eingerichtet. Nicht nur ehemalige Mitglieder der NSDAP, der Hitlerjugend, des BDM, der SS, des Sicherheitsdienstes, der Gestapo und der Wehrmacht wurden hierher gebracht, sondern auch aufgrund willkürlicher Entscheidungen politisch unbelastete Personen wie etwa Besitzer mittelständischer Unternehmen. Es gab weder Informationen über die Dauer der Internierung noch ein Recht auf Verteidigung, ebensowenig wie zuvor unter der Naziherrschaft. Kontakt zu den Angehörigen war den Häftlingen untersagt, ebenso jegliche Beschäftigung außer dem Schachspiel. Dass auch unter dem neuen Regime im Laufe der Zeit aufgrund der dramatischen Versorgungslage 7000 Menschen von insgesamt 20 000 Inhaftierten starben, blieb bis 1990 undokumentiert – die Toten wurden in anonymen Massengräbern bestattet. 1951 wurde dieses Lager aufgelöst und seine Bauten weitgehend abgerissen – nur einige Gebäude und Wachtürme blieben bis heute stehen und können wie die später errichteten Mahn- und Erinnerungsstätten besichtigt werden.

Gleich nach Hitlers Machtergreifung hatten Parteivertreter in Weimar – wie auch in Dresden – DAS GAUFORUM Hitler gebeten, die Stadt durch die Errichtung eines repräsentativen Gauleitungssitzes, der zusammen mit einem großen Massenaufmarschplatz zu denken wäre, aufzuwerten. Nach einer langen Planungsphase wurde das Konzept des jungen Architekten Hermann Giesler (1898–1987) ausgewählt, neben Albert Speer Hitlers bevorzugter Baumeister. (Paul Schultze-Naumburg hatte sich sowohl mit den Thüringer Parteigrößen sowie mit Goebbels und Hitler überworfen und wurde daher nicht berücksichtigt.) Es sah die Errichtung einer von Hitler gewünschten »Halle des Volkes« für 12 000 Personen, eines Gauhauses, eines Verwaltungstraktes und des zentralen Aufmarschplatzes für 60 000 Menschen vor. Zusätzlich beharrte Hitler auf der Errichtung eines Glockenturmes – bei seinem Läuten sollten sich die Menschen zum Aufmarschplatz begeben.

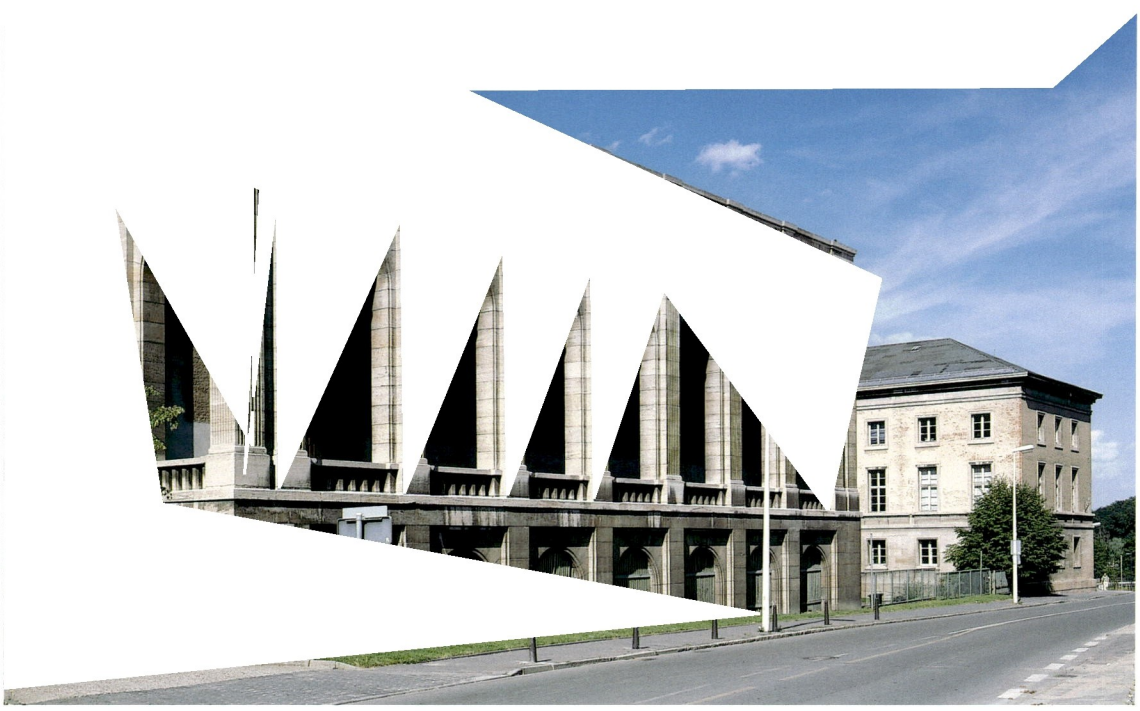

Gauforum

Bei der Wahl des vorgesehenen Geländes verwarf man alle Bedenken der Stadt, dass eine Bebauung der nordöstlichen Bezirke vor dem Landesmuseum gleichzeitig den Abriss von 150 Häusern im Jakobsviertel sowie den Verlust des Asbachgrünzugs und der Parkanlage vor dem Museum, die erst 60 Jahre zuvor durch Großherzog Carl Alexander angelegt worden war, bedeuten würde. Man dachte sogar daran, das Landesmuseum durch Aufsetzen eines Walmdaches und Eingriffe in der Fassadengestaltung baulich dem neuen Ensemble anzugleichen (dies unterblieb letztlich). Ausschlaggebend für den Standort war die nationalsozialistische Stadtplanungsidee einer klaren Achse vom Hauptbahnhof bis zum Gauforum als Einzugs- oder Einmarschstraße.

Die Gebäudezüge waren südlich die »Reichsstatthalterei und Gauleitung« (hier war der Glockenturm angeschlossen) und nördlich das »Haus der Gliederungen der NSDAP« (SS, SA, Hitlerjugend, BDM und NS-Kraftfahrer-Korps). Im Osten sollte die für Feste und Massenrituale vorgesehene »Halle der Volksgemeinschaften« errichtet werden, im Westen, auf der gegenüberliegenden Straßenseite, war das Gebäude der Deutschen Arbeitsfront vorgesehen. Der »erste Spatenstich« am 4. Juli 1936 wurde gleich stark in Szene gesetzt – der Vimaria-Brunnen war hierfür bereits abgeräumt worden. Die Grundsteinlegung nahm Rudolf Heß ein Jahr später vor. In Weimar wurde dieser große Eingriff in die Stadtstruktur nicht kritiklos hingenommen, da ein Stück des »alten Weimar« unwiederbringlich verloren ging – die ursprünglichen Haus- und Geschäftsbesitzer hatten sich teilweise massiv geweigert, ihren Besitz zu verkaufen. Im Zuge des Abrisses der alten Häuser des Jakobsviertels wurden in der heutigen Jean-Sibelius-Straße, der Falkstraße und im Hänselweg Ersatzwohnungen errichtet. Auch die Freiligrathstraße (damals: X-Straße) entstand im selben Zuge im Heimatstil.

Trotz der Kriegsereignisse ab 1939, die finanzielle und ressourcenmäßig bedingte Engpässe auftreten ließen, wurde der Bau des Gauforums – das einzige der zahlreichen in Deutschland geplanten

Foren, die so weit gediehen – zum Teil aber mit großen Pausen bis 1944 weiter fortgesetzt. Doch nicht alle Gebäudeteile, die eine im Vergleich mit den Münchner Bauten wesentlich zurückhaltendere, klassisch-monumentalistische Anmutung aufwiesen (lediglich Betonung der Sockelgeschosse und Eingänge, sichtbare Satteldächer), konnten vollendet werden. Speziell die Halle der Volksgemeinschaften – sie war architektonisch auch durch Stufen vom übrigen Komplex abgesetzt – wurde erst nach dem Krieg fertig gestellt, war zwischenzeitlich von Fach- und Hochschulen genutzt, diente 2003 interimistisch als Spielort des Kunstfestes und ist gerade vollkommen entkernt worden, um sie einer neuen Nutzung zuzuführen: Sie soll in das »Weimar-Atrium«, einen großen Geschäfts-, Freizeit und Tourismuskomplex, umgewandelt werden. Auch der Glockenturm war 1944 erst zu einem Drittel seiner Höhe angewachsen (geplante Höhe: 63 Meter).

Schon die Weimar befreienden Amerikaner hatten den »Adolf-Hitler-Platz« vor dem Gauforum umbenannt in »Karl-Marx-Platz«. Die Gebäude des Gauforums nutzten die Dienststellen der Kommune und der Landesbehörden, sie erhielten lediglich neue Namen: Arkadenhaus, Turmhaus und Stadthaus. Im März 1946 zog die Sowjetische Militäradministration Thüringen in das Arkadenhaus ein, später auch in das Turmhaus und 1947 in das Stadthaus, denn Weimar war weiterhin Landeshauptstadt Thüringens und damit gleichzeitig Sitz der Besatzungsmacht. Es erfolgte eine komplette Übernahme der Möglichkeiten des Komplexes, indem die Sowjets auch den großen Platz zur Darstellung ihres Staates und ihrer Macht nutzten.

Das bereits erwähnte Weimarer Hotel »Elephant« wurde 1937 zunächst abgerissen, da es – wie auch zwei seiner Nebengebäude – baufällig war. Aufgrund seiner großen Vorliebe für dieses Hotel unterstützte Hitler den erweiterten Wiederaufbau 1938 besonders großzügig: Statt des namengebenden Elefanten krönte nun der Reichsadler das Eingangsportal. Hitler erhielt hier eine eigene Suite mit schlichtem deutschen Eichenbett (heute ist es die Udo-Lindenberg-Suite). Er besuchte das Hotel Elephant insgesamt 26 Mal. Die Weimarer jubelten dem Führer auf dem Markt vor dem Fenster zu: »Lieber Führer, komm heraus aus dem Elephantenhaus.« Das heutige Hotel Elephant gehört seit 1997 der Kempinski-Gruppe an und wurde einem tief greifenden Umbau im Stil der klassischen Moderne unterzogen.

HOTEL »ELEPHANT«

› *siehe Seite 24*

Ein weiteres Gebäude konnte in den dreißiger Jahren verwirklicht werden. Als Architekt war Paul Schultze-Naumburg berufen worden und Hitler übernahm mit 50 000 Reichsmark den Großteil der Finanzierung. Es handelte sich um die neben dem Nietzsche-Archiv gelegene so genannte Nietzsche-Gedächtnishalle, für die 1937 der Grundstein gelegt wurde – die Idee ging auf die Zeit vor dem Ersten Weltkrieg zurück. Der Rohbau wurde ein Jahr später fertig, doch die Nutzung für das Gebäude stand noch keineswegs fest. Für die das Archiv nach Elisabeth Förster-Nietzsches Tod verwaltenden drei Brüder und Cousins Oehler war eine Art von kultischer Raumabfolge wichtig: Das Gebäude sollte eine Vor- und eine Haupthalle aufweisen, die über einen Gang verbunden wären, in welchem die Standbilder der Geistesgrößen aufgestellt werden sollten, die für Nietzsches Denken entscheidend gewesen waren. Im Hintergrund der Haupthalle in einer Art halbrunder Apsis sollte eine sehr große Skulptur aufgestellt werden. Fritz Sauckel setzte sich dafür ein, dass zusätzlich auch Arbeitsräume sowie eine Bibliothek an die Halle anschließen sollten, sodass Paul Schultze-Naumburg schließlich auf die Lösung eines Klostergrundrisses verfiel, um alle Nutzungen angemessen unterbringen zu können.

NIETZSCHE-GEDÄCHTNIS-HALLE

› *siehe Seite 112*

Die Halle wurde bis 1944 nur in Teilen fertig gestellt. Sie hatte einen äußerst solide gebauten Keller, der der Stadt Weimar nun als kriegsbedingter Aufbewahrungsort für kostbare Kunstschätze aus

Erweiterungsbau des
Goethe-Nationalmuseums

ZWEITER ERWEITERUNGS-
BAU DES GOETHE-NATIO-
NALMUSEUMS

› *siehe Seite 54 ff., 80 ff.,*
116, 147

den Museen diente. Die von Mussolini dem römischen Thermenmuseum entzogene und als
Geschenk nach Weimar verfrachtete Dionysos-Statue (eine Marmorkopie nach Praxiteles) traf in
Weimar 1944 während eines schweren Bombenangriffs ein. Sie war übrigens absurderweise zu
groß für die Apsis der Halle.

Nach Kriegsende wurde das Nietzsche-Archiv geschlossen. Nietzsches Buchbestand blieb zwar in
Weimar, doch war eine Beschäftigung mit diesem unter der Sowjetbesatzung nicht mehr opportu-
nen Philosophen nicht angeraten. Das Gebäude der Gedächtnishalle jedoch wurde schon 1946
dem damaligen »Sender Weimar« übergeben, was einen Umbau des Inneren nach sich zog. Bis Ende
1999 nutzte der MDR das Sendehaus, seitdem steht das denkmalgeschützte Gebäude zum Verkauf.

Eine letzte wichtige öffentliche Baumaßnahme der dreißiger Jahre betrifft den zweiten Erweiterungsbau des Goethe-Nationalmuseums. Auch hier wurde aufgrund seiner Verehrung für Goethe und der Zeit um 1800 zunächst Paul Schultze-Naumburg für Entwürfe herangezogen, der
endgültig zur Ausführung gebrachte Entwurf stammte jedoch von Walter Voigt. Schon seit den
zwanziger Jahren war ein solcher Bau von dem damaligen Museumsdirektor Hans Wahl als Desiderat gesehen worden, konnte aber wegen großer Finanznöte nicht verwirklicht werden. Doch
schließlich gelang es Hans Wahl, Hitler zur Übernahme einer Hälfte der Kosten zu überreden. Der
Neubau erforderte zunächst den Abriss der dem Goethehaus benachbarten Gebäude, was auch bis
1931 geschah. Die Hundertjahrfeier von Goethes Tod erfolgte jedoch noch ohne den Museums-
Erweiterungsbau. Erst 1934 kam es zur Genehmigung der Entwürfe des mittlerweile verstorbenen Walter Voigt: Ein schlichter zweigeschossiger Bau mit Mansarddach und klaren Fenstergliede-
rungen entstand. Er ist als ein Bau seiner Epoche zwar zu erkennen, gleichwohl in Anlehnung an
die alte Struktur geplant. Das Gebäude wurde zum Goethegeburtstag am 28. August 1935 eingeweiht.

Im Zusammenhang mit dem KZ Buchenwald war schon der nach hierarchischen Graden unterschiedene Wohnungsbau erwähnt worden. Derartige Abstufungen finden sich natürlich auch im normalen Wohnbau Weimars und generell in Deutschland während der Nazizeit. Einfachen Menschen wurde oft nur das so genannte Notheim zugemutet, d. h. in der Regel baute man zwei- bis dreigeschossige Wohnblöcke mit sehr kleinen Wohneinheiten. Doch höhere und höchste Funktionäre des NS-Staates hatten natürlich höhere Ansprüche und größere Repräsentationsbedürfnisse. So wurde der Wohn- und Arbeitssitz des Reichsstatthalters Fritz Sauckel als ein großzügig angelegtes Gebäude an die alte Windmühle in der Windmühlenstraße 19/21 angebaut. In einem Park als Dreiflügelanlage im Stile eines Stadtpalais von Hermann Giesler 1937 bis 1939 erbaut, dient das Gebäude heute der Bundesanstalt für Arbeit als Verwaltungsschule. Zahlreiche weitere, zumeist unauffällige Gebäude, die auch zehn Jahre früher oder Jahre später hätten gebaut werden können, entstanden – hierzu zählt beispielsweise auch der Zweckbau des damaligen Kreishauses an der Schwanseestraße (heute Stadtverwaltung).

Erst in den letzten Jahren hat auch die Denkmalpflege begonnen, die Diskussion um einen angemessenen Umgang mit den baulichen Relikten aus dieser Zeit zu führen, nachdem im Westen bis in die achtziger Jahre hinein selbst erhaltende Maßnahmen für Gebäude, die ehemals den Nationalsozialismus repräsentieren oder verherrlichen sollten, immer fragwürdig waren. Im Gebiet der ehemaligen DDR – und auch in Weimar – war vor der Wende aufgrund mangelnder Kapazitäten zur Bausanierung allerdings ein pragmatischerer Umgang mit solchen relativ gut erhaltenen Gebäuden die Regel. Diese Diskussion, die neben Denkmalschutz und Denkmalpflege auch Fragen des Rückbaus, heutige zulässige Nutzungen und eine öffentlich zugängliche Dokumentation mit einschließt, ist jedoch keineswegs abgeschlossen.

WOHN- UND ARBEITSSITZ FRITZ SAUCKELS IN DER WINDMÜHLENSTRASSE

Links: Villa Fritz Sauckels
Rechts: Ehemaliges Kreishaus
an der Schwanseestraße,
heute Stadtverwaltung

Die Bauten der DDR-Zeit

Die Zeit ab 1945 ist deutlich in zwei von den geschichtlich-politischen Gegebenheiten geprägte Abschnitte geteilt. Der erste umfasst die DDR-Zeit bis 1989. Auch in der DDR versuchte man nachzuholen und neue Wege im Bauen zu beschreiten, lediglich die im Westen wichtige Epoche der Postmoderne spielte auch in Weimar keine Rolle. Generell ist der »Globalisierungscharakter« gerade der Architektur ab der dreißiger Jahre des 20. Jahrhunderts jedoch verblüffend. Sie hat den Schritt aus der Heimat in das globale Dorf, der beispielsweise in der Literatur naturgemäß nur mit Verzögerung erfolgt, mit Meilenstiefeln längst vollzogen. Doch was sind die Veränderungen in der Architektur der zweiten Hälfte des 20. Jahrhunderts, was macht den großen Bruch aus, durch den »moderne Bauten« sich von solchen früherer Zeiten unterscheiden?

Bereits das aus der Zeit des »Neuen Bauens« stammende Prinzip der industriellen Fertigung von Bauelementen und -stoffen bewirkte einen radikalen Wandel in diesem Gewerbe und führte zum Verschwinden der »Handarbeit« und letztlich zum Verzicht auf jegliche Ornamentik, durch die sich in all den früheren Jahrhunderten individuelle Bauten auszeichneten. Tatsächlich werden Gebäude heute anders unterschieden und beschrieben als noch zu Anfang des Jahrhunderts. Es kommt auf andere Aspekte an: auf die Differenzierung der Bauidentitäten durch angewandte Materialien etwa und die Anordnung von Bauten und Bauteilen. Diese Prinzipien gelten sowohl für ein einzelnes Haus wie für ganze Siedlungen. Hingegen ist es nicht neu, den Bau in seiner Beziehung zu der ihn umgebenden Landschaft oder zu bereits existierenden Bauten aus anderen Zeiten zu betrachten, wie es die neue Architektur für sich in Anspruch nimmt. Dies konnte hier für zahlreiche Bauten auch früherer Zeiten bereits gezeigt werden. Dass diese Lehren der Vergangenheit aber heute in verstärktem Maße wieder beachtet werden, lässt auch für die Architektur der Zukunft hoffen.

Der Einzelbau spielte in Weimar nach 1945 eine äußerst geringe Rolle – es ging um die Errichtung oder Wiederherstellung von Wohnraum. Dies erfolgte durch den Bau mehrerer Plattenbausiedlungen mit fünfgeschossigen Blocks in Weimar West, Weimar Nord, Schöndorf und am Dichterweg. Darüber hinaus wurde der umliegende Landschaftsraum, der Weimar seit Jahrhunderten prägte, vielfach in Kleingartensiedlungen umgewandelt. Als rein quantitatives Ergebnis der Untersuchung muss daher festgehalten werden, dass der überwiegende Teil der städtischen Bauten aus der nationalsozialistischen Zeit und der nach 1945 stammt. Der Eindruck, den der unbefangene Besucher von der homogen wirkenden Altstadt empfängt, spiegelt also nicht die reale Gesamtsituation Weimars wider. Daneben galt es in den Jahren nach 1945 – auch in architektonischer Hinsicht –, die Lasten der Vergangenheit in einer der damaligen Ideologie entsprechenden Weise zu bewältigen.

NATIONALE MAHN-
UND GEDENKSTÄTTE
BUCHENWALD

Im Jahr 1951 hatte die DDR-Führung beschlossen, das Konzentrationslager auf dem Ettersberg, das seit 1945 sowjetisches Speziallager Nr. 2 war, aufzulösen. Damit verbunden war der Abriss der meisten Lagerbauten. Gleichzeitig ging es dem Staat darum, der Opfer des Nationalsozialismus und Widerstandskämpfern an dieser Stelle zu gedenken. Daher wurde die Einrichtung einer »Nationalen Mahn- und Gedenkstätte Buchenwald« beschlossen, in der eine Reihe von Erinnerungsbauten Platz finden sollten. Die Aufgabe wurde dem Architektenkollektiv Ludwig Deiters, Hans Grote-

Seite 135: Glockenturm

wohl, Kurt Tausendschön, Horst Kutzat, Hubert Matthes und Hugo Namslauer anvertraut. Spenden, die innerhalb Thüringens gesammelt wurden, brachten mehrere Millionen Ostmark zusammen, außerdem half die Bevölkerung durch persönlichen Einsatz von 75 000 Arbeitsstunden bei der Realisierung mit. So konnte der Bau innerhalb der Jahre 1955 bis 1958 tatsächlich abgeschlossen und am 14. September 1958 feierlich eingeweiht werden.

› siehe Seite 128, 140

Die Gedenkstätte soll die unerträglichen Qualen der Häftlinge und gleichzeitig ihren Kampfesmut dokumentieren. Hierfür sind architektonisch unterschiedliche Mittel eingesetzt worden. Als würdige Möglichkeit des Totengedenkens wurde ein »Stelenweg«, der von der »Blutstraße« zu den Gräbern hinabführt, eingerichtet. Sieben mit Reliefs geschmückte Stelen von René Graetz, Waldemar Grzimek und Hans Kies zeigen die Leidensetappen der Häftlinge. Die Texte auf der Rückseite stammen von Johannes R. Becher. Vom Stelenweg gelangt man auf die »Straße der Nationen«, die drei Grabstätten verbindet, die heute durch kreisförmige Mauern erkennbar sind und ehemals einfache Bodenaushübe waren. Die SS hatte hier nicht nur die Krematoriumsasche, sondern zuweilen auch Leichen verscharrt. Passiert man das letzte Ringgrab, so gelangt man durch das »Tor der Freiheit« wieder nach oben zum Feierplatz für 20 000 Menschen, wo bis zur Wende alljährlich der »Buchenwaldtag« stattfand. Fritz Cremers Denkmalgruppe wurde hier aufgestellt, elf überlebensgroße Bronzefiguren, die Kampf und Opfer, Sieg und Schwur der Häftlinge symbolisieren. Hinter dem Denkmal erhebt sich der massive, weithin sichtbare, klassisch anmutende 50 Meter hohe Glockenturm der Gedenkstätte. Die Verwendung des Typus Glockenturm erscheint, wenn man sich seiner Benutzung im Gauforum erinnert, hier unreflektiert und tatsächlich fehl am Platze. Der berühmte Buchenwaldschwur ist in goldenen Buchstaben an der Tür des Turms zu lesen. Die Umdeutung der Vernichtung der Arbeiterschaft in ihren Sieg war eine Geschichtslüge, die der DDR nützte. Dass diese interpretatorische Umdeutung darüber hinaus mit architektonischen Zitaten aus dem Fundus der bekämpften Ideologie untermauert ist, erstaunt zwar, ist jedoch kein Einzelfall in dieser Zeit gewesen.

Die Gebäude, die nun aufgeführt werden, gehören mit Ausnahme des Schillermuseums alle in den Kontext der Weimar ebenfalls prägenden damaligen Hochschule für Architektur und Bauwesen (heute: Bauhaus-Universität Weimar).

FRIEDRICH-AUGUST-
FINGER-BAU UND
ANLIEGENDES INSTITUT

Der »Friedrich-August-Finger-Bau« in der Coudraystraße 11a wurde 1958 bis 1960 als Seminargebäude der damaligen Hochschule für Architektur und Bauwesen durch Erich Schmidt und Kurt Riemer geplant. Das Vorderhaus erscheint repräsentativ. Wenngleich es sich durch die Geschosshöhen und das traditionalistische Walmdach mit den Gauben sowie den mit Travertin verkleideten Sockel durchaus an seine ältere Nachbarschaft aus den zwanziger Jahren anpasst, so sind doch mehrere Merkmale modernen Bauens erkennbar: die frei schwingende Außentreppe, die asymmetrischen Fensterbänder auf der Schauseite wie auf der Giebelseite und vor allem das großzügige Treppenhaus.

In unmittelbarer Nachbarschaft befindet sich unter den Nummern 7 und 9 ein zunächst für das Schwermaschinenkombinat Ernst Thälmann (1974/75) erbautes Gebäude von Hans Lahnert, Peter Karsten und Klaus-Jürgen Winkler. Es handelt sich um einen Stahlbetonskelettbau von sechs Stockwerken. Er beherbergt Büros und Labors sowie eine Zweigbibliothek der Bauhaus-Universität. Die Anmutung des Gebäudes ist untypisch für Weimar, was vor allem mit der Verglasung in Stahlrahmen zusammenhängt. Die Hochschule für Architektur und Bauwesen hatte das Gebäude bereits zu DDR-Zeiten als Instituts- und Hörsaalgebäude übernommen.

Friedrich-August-Finger-Bau

»LANGER JAKOB«

Ein als Internat oder Studentenwohnheim der Universität genutztes Gebäude sorgte seit seiner Entstehung 1970 bis 1972 für Aufsehen, und zwar aufgrund seiner die Maße Weimarer Gebäude sprengenden Höhe von elf Geschossen. Es ist das im Plattenbaustil von Anita Bach und H. Ellenberger errichtete Hochhaus, im Volksmund »Langer Jakob« genannt, vis-à-vis der Reichsstatthalterei und des Jakobplans. Was sonst immer in Weimar vermieden wurde, wird an diesem Platz nun gleich in doppelter Konfrontation zu zwei höchst unterschiedlichen geschichtlichen Epochen, der des Nationalsozialismus wie der des Spätbarocks, erprobt: Kontrastbildung, Unangepasstheit, mangelnde Sensibilität gegenüber dem Vorhandenen. Die historische Gaststätte »Thüringer Hof« musste dem »Langen Jakob« weichen. Dieser prägt seitdem als gesichtsloser Kontrapunkt die Stadtsilhouette neben dem Turm des Schlosses, dem der Stadtkirche und dem der Jakobskirche – die weitere Stadtplanung sah allerdings den völligen Abriss des Jakobsviertels vor, wozu es zum Glück nicht mehr kam.

Ebenso Teil der damaligen Hochschule für Architektur und Bauwesen war das Gebäude der Mensa am Park in der Marienstraße. Die Planungen für notwendige Erweiterungsbauten an dieser und anderen Stellen zogen sich seit der Gründung der Hochschule 1954 hin, Entwürfe dazu wurden verschiedentlich wieder verworfen. So kam es erst 1982 zu der Eröffnung des Baus nach dem kollektiven Entwurf von Anita Bach und Peter Klaus Kiefer. Das zweigeschossige Gebäude wurde auf einem Raster von Stützen errichtet. Es wirkt großzügig, die dunkelbeige Farbgebung ist unauffällig. Durch seine Verglasungen öffnet es sich zum Park. Zudem erreicht der Baukörper, der mit großen Betonplatten verkleidet ist, durch die treppenförmige Staffelung der Fassade eine gewisse Dynamik.

In unmittelbarer Nähe, Marienstraße 3, entstand als Mitteltrakt des zerstörten Jägerhauses in den Jahren 1966 bis 1970 das Seminargebäude der Hochschule für Architektur und Bauwesen nach

MENSA AM PARK UND SEMINARGEBÄUDE AN DER MARIENSTRASSE

Seite 138: »Langer Jakob«

Schillermuseum

einem Entwurf von Elke Röllig. Gleichzeitig wurden neue Hörsaalbauten von Emil Schmidt errichtet. Das ursprünglich vorgesehene Bauvolumen für die Hochschule war allerdings wesentlich größer, die meisten Bauten konnten jedoch nicht ausgeführt werden.

Als einziges Literaturmuseum der DDR entstand nach vierjähriger Bauzeit zwischen 1983/84 und 1988 in der Neugasse das Schillermuseum, durch welches seitdem auch der Zugang in Schillers Wohnhaus erfolgt. Eine Gruppe von Architekten zeichnet für diesen Bau verantwortlich: Klaus Aschenbach, Jürgen Beyer, Walter Köckeritz, Frank Michalski, Jürgen Seifert und Martin Wenzlow. Das Museum wurde 1996 leider wieder geschlossen. Es dient heute Wechselausstellungen.
Auch bei diesem Gebäude ist erkennbar, dass angestrebt war, zusammen mit dem Schillerhaus ein harmonisches Ensemble zu schaffen. Der zweigeschossige Neubau wurde nicht versteckt, er ist in drei Teile gegliedert: den Eingangsbereich, der in der Höhe dem Schillerhaus entspricht, die niedrigere »Brücke« zwischen Alt- und Neubau, die wegen der vom Altbau auf sie übergegangenen Begrünung kaum noch auffällt, und den zur Windischen Straße abschließenden, leicht erhöhten Eckbau. Trotz seines weißen Anstrichs ist das Ensemble zurückhaltend und versucht sowohl durch die Mansarddachform mit Gauben als auch den Einsatz großformatiger Sprossenfenster, die Aufbringung großer »klassizistischer« Putzspiegel und durch den kleinen, sich dem Gefälle anpassenden Travertinsockel die Angliederung an die umgebende Stadtbebauung, besonders natürlich an das Schillerhaus.

SCHILLERMUSEUM
› siehe Seite 52 ff.

Nach der Wende

Auch in Weimar ging es nach der Wende in erster Linie zunächst um eine professionelle Sanierung der vielfach stark beschädigten und im Verfall begriffenen Altbauten. Hier wurde in den vergangenen 15 Jahren Großes geleistet. Im Bereich der Einzelbauten bestätigt sich der für die Zeit ab 1945 erwiesene Befund, dass die erwähnenswerten Bauten zumeist öffentliche Bildungs- oder Kultureinrichtungen sind. Eine wichtige Ausnahme bildet die Siedlung »neues bauen am horn«, ein konzeptionell stark an der Prozesshaftigkeit des Bauens orientiertes Projekt. Die neuesten Bauten in Weimar entsprechen einem hohen ästhetischen Standard und sind auch durch die ausgewählten Materialien äußerst qualitätvoll. Hierfür sind nicht zuletzt die Präsenz der Bauhaus-Universität und der von ihr ausgehende Anspruch sowie die Aktivitäten hervorragender Architekten in der Stadt eine Begründung. Zu Recht beruft sich die Bauhaus-Universität wieder auf ihre richtungsweisenden Vorfahren zu Anfang des 20. Jahrhunderts. Gleichzeitig ist dank der publizierten wissenschaftlichen Forschungen zur Gedenkstätte Buchenwald auch die Frage nach einem verantwortungsvollen Umgang mit den Bauten des Nationalsozialismus sehr ins Bewusstsein der Menschen gerückt worden.

GEDENKSTÄTTE
BUCHENWALD
› siehe Seite 128 f., 134 ff.

Nach der Wende ging es darum, das inzwischen neu erarbeitete geschichtliche Wissen in neuer Form darzubieten. Das erfolgt in drei unterschiedlichen thematischen Ausstellungen, die in der Nachwendezeit neu eingerichtet oder neu errichtet wurden. Die Architekten der 1999 fertig gestellten Strukturen sind Kleineberg und Pohl aus Braunschweig. Die Dauerausstellung zum nationalsozialistischen Konzentrationslager wird im dreigeschossigen KZ-Kammergebäude gezeigt, das neben dem Torhaus, dem Krematorium und dem Desinfektionsbau zu den noch original erhaltenen Bauten auf dem KZ-Gelände gehört. Bei der Renovierung sowie bei der Ausstellungskonzeption wurde darauf geachtet, den Charakter des Lagergebäudes zu erhalten, was sowohl seine sichtbare Außen- und Innenwelt – die Stahlbetonstützen mit Haupt- und Nebenunterzügen – betrifft wie auch seine Zweckbestimmung als Archivalien- (oder: Effekten-)Kammer. Ausstellungsarchitektonisch drückt sich dies durch eine systematische Anordnung von strengen hochformatigen, schmalen Vitrinen zu den unterschiedlichsten Themen aus, etwa »Arbeit im Steinbruch« oder »Tod und Überleben«.

Auch über das ehemalige sowjetische Speziallager Nr. 2 kann man sich jetzt in einem eigenen Ausstellungsgebäude informieren. Der Neubau ist vom Kammergebäude aus fast nicht zu sehen, er liegt nach Norden in den Abhang hineingebaut. Die Fassade des lang gestreckten, sich an einer Seite wie ein Flügel öffnenden Beton-Baukörpers schaut auf den nördlichen Lagerzaun. Man erkennt das Gräberfeld mit den Edelstahl-Stelen. Mittels schlitzartiger Fensteröffnungen werden symbolische Interpretationsebenen auch hier zwischen dem Bau und den Exponaten geschaffen. So wird die lange Betonwand mit der Eingangsverglasung zum Foyer genau an der Stelle durch einen schmalen Lichtschlitz »verletzt«, an der in der Ausstellung das Buch mit den Listen der Toten liegt. Die Stellwände und Tische innerhalb der Ausstellung sind aus Eternit, einem Material, das den früheren Bretterwänden, die die Baracken des Lagers voneinander trennten, am ähnlichsten ist.

Ausstellung in der Nähe
des Mahnmals Buchenwald

Ausstellungsgebäude zum
sowjetischen Speziallager Nr. 2
auf dem Gelände
des KZ Buchenwald

Kammermusiksaal in Halbkreisform im Musikgymnasium Schloss Belvedere

MUSIKGYMNASIUM
SCHLOSS BELVEDERE
› *siehe Seite 45 ff.*

Schließlich wurde ein drittes Ausstellungsgebäude in einem ungenutzten Zweckbau nahe des Mahnmals eingerichtet. Er besteht aus zwei würfelförmigen Bauten mit flachen Pultdächern. Rückwärts ist ein Nebengelass angebaut. Hier schuf man eine neue Eingangssituation und profitierte von den vorhandenen hochgesetzten Fenstern, die gleichzeitig den Ausblick auf das Mahnmal ermöglichen. Auch diese Sichtbeziehung ist von inhaltlicher Bedeutung, da die hier angesiedelte Ausstellung die Geschichte der nationalen Mahn- und Gedenkstätte der DDR reflektiert.

Als ein wichtiger Neubau nach der Wende ist das von der Deutschen Bank generös unterstützte neue Musikgymnasium Schloss Belvedere im herrlichen Landschaftspark drei Kilometer südlich von Weimar zu nennen. Seit Beginn der fünfziger Jahre bis 1992 waren die Schüler in alten, mittlerweile völlig maroden Schlossnebengebäuden untergebracht. Nach einem Wettbewerbsverfahren wurde der Entwurf von Thomas van den Valentyn aus Köln verwirklicht. Zu Beginn des Jahres 1995 war der Auftrag erteilt worden, bereits April 1996 konnten die Schüler einziehen. Berücksichtigt werden mussten die Übe- und Aufführungsmöglichkeiten junger Musiker, aber auch die notwendigen Einrichtungen für ihren normalen Schulunterricht. Dazu gehörte ebenso die Umgestaltung des benachbarten barocken Dreiseitenhofes zum Internat. Dies war die Forderung des Denkmalschutzes, der am historischen Ort natürlich Mitspracherecht hatte, und bedeutete die historisch simulierte Wiedererrichtung von zwei der drei Flügel. Lediglich der ehemalige Gasthof konnte »überleben«, während Stallgebäude und Scheune, im Grundriss leicht vergrößert, ersetzt wurden. Dazu verwendete man authentische Techniken: das Aufmauern von dicken Wänden ohne Putzschienen und Einbringen von Holzfenstern ohne Silikonausspritzungen. Das Internat hat 65 Zweibettzimmer, im Erdgeschoss Überäume sowie eine Mensa, die sich zum Hof terrassenförmig öffnet. Vielfach ist es selbst Kennern nicht möglich zu unterscheiden, welches der alte Baukörper ist und welches die neuen sind.

Seite 143: Musikgymnasium Schloss Belvedere

Das moderne Schulgebäude hingegen steht am Platze der früheren Remise und Turnhalle nördlich des Dreiseitenhofes auf einem großen, grauen Steinsockel mit offenen Fugen wie auf einer Bühne. Es ist ein dreigeschossiger Würfelbau, in dessen Sockel ein Teil des unterirdischen großen Musiksaals mit der guten Akustik untergebracht ist. Er bildet quasi ein in ein Rechteck eingeschriebenes Arenenoval, dessen äußeres Abschlussrund bereits den Park mit einbezieht. Zwischen dem größeren Innenteil und dem kleineren Außenteil ist daher eine Glaswand eingezogen, die sich öffnen lässt. Das auf den Sockel montierte Gebäude ist im Erdgeschoss nach außen als Glasfront erkennbar, in welche mehrere »Elementarformen« verteilt wurden. Fast wie im Spiel wurden verschiedene überdimensionale Holzbausteinformen oder Kisten verteilt, die unterschiedliche Funktionen innerhalb der Schule wahrnehmen: ein Rechteck, ein Quadrat, ein Halbkreis, ein Kreuz und ein Winkel. Das sind jeweils die Fachräume für Biologie und Chemie, für Physik und Informatik, der Zeichensaal, das Lehrerzimmer und der Kammermusik- oder Rhythmiksaal. Aus allen Räumen blickt man durch große Panoramafenster in den Park – für die Musikschüler der Bereich der Entspannung und Erholung.

Über diesem derart aufgelösten Geschoss ruht eine »weiße Box« auf zehn recht fragil wirkenden Rundstützen. Das ganze Gebäude ist dem Prinzip der aufgelösten Architektur verpflichtet, die Mies van der Rohe propagierte, und somit dem Bauhaus, doch auch der Architektur von Le Corbusier. Dem gleichen auflösenden Prinzip folgt auch das mittig eingebrachte gläserne Dach, durch welches das Licht bis nach unten einfällt. In diesem »Lichtschacht« befindet sich das Treppenhaus.

Im Kulturstadtjahr 1999 wurde diese Bildungsstätte jenseits der Ilm in der Jenaer Straße 2 bis 4 fertig gestellt. Auch sie ist ein hervorragendes Beispiel für das moderne Bauen unter Einbeziehung der umgebenden Natur und Kultur, denn gerade an dem gewählten Hang jenseits der Ilm, am Rothäuser Berg, mussten bestimmte kulturgeschichtliche Korrespondenzen sowie der Naturschutz berücksichtigt werden. Die Aufgabe des ausführenden Architektenbüros Claus Worschech und

144

Südfassade der
neuen Weimarhalle

Partner, die sie im Auftrag einer von Stadt, Land und Bund getragenen Stiftung 1998/99 umsetzten, war nicht einfach: Auch hier ging es um Neubau unter Einbeziehung zweier vorhandener Villen an der Jenaer Straße, um Unterkünfte für Jugendgruppen, Tagungsräume und eine Mensa. Die Lösung bestand in der Errichtung eines zweigeschossigen Mensa- und Veranstaltungstraktes zwischen den beiden Altbauten an der Straße, während die Schlaftrakte und Seminarräume in vier zweigeschossigen, durch Lärchenholzbeplankung im Stile von Jalousien, sehr an die Natur angepassten, auf Stützen ruhenden »Baumhäusern« am Hang abwärts angeordnet sind. Diese Art Bebauung verlangte lediglich das Fällen eines Baumes und innerhalb der wenigen Jahre ihres Bestehens ist der Gebäudekomplex fast in die Natur übergegangen. Nicht von ungefähr denkt der Betrachter dieser Bauten an Goethes Gartenhaus, in leicht asiatisch anmutender Abwandlung.

DIE NEUE WEIMARHALLE

Ein weiteres öffentlich genutztes Gebäude, das für das Kulturstadtjahr 1999 fertig gestellt wurde, ist die neue Weimarhalle, die für Konzerte, Kongresse, Messen und weitere kulturelle Veranstaltungen genutzt wird. Sollte ursprünglich lediglich eine sorgfältige Sanierung des 1931/32 als letztes öffentliches Gebäude der Weimarer Republik ausgeführten Gebäudes erfolgen, stellten sich 1997 bei der Vorbereitung dieser Maßnahme heraus, dass sowohl die Statik wie die Konstruktion derartig desolat waren, dass Abbruch und Neubau anberaumt wurden. Die Planung übernahm GMP (Gerkan, Marg und Partner) in kürzester Frist.

Seite 145: Neue Weimarhalle
vom Schwanseeteich aus
(im Hintergrund:
Turm der Jakobskirche)

Bei dem Neubau aus grauem Travertin, den sehr schmale, hohe und tief nach innen geführte, in Großgruppen unterteilte Fensteröffnungen auszeichnen, wurden die Ausmaße des Vorgängerbaus insgesamt übernommen. Der große Saal im Inneren fasst 1200 Personen, kann für Kongresse und Konzerte genutzt, aber auch auf gewünschte Größe verkleinert werden. Dazu gibt es einen weiteren kleineren Saal mit 240 Sitzplätzen. Im Westen öffnet sich die Halle mit einer Glasfassade zum Park. Mehrere Foyers kommen dem Bedürfnis nach Flächen für Präsentationen oder Bankette nach. Die Gastronomie ist in den beiden vorgelagerten Pavillons untergebracht. Ein neu errichtetes niedrigeres Seminargebäude mit fünf verschieden großen Seminarräumen südwestlich der Halle ergänzt den Bau – unterirdisch kann man von einem zum anderen Gebäude gehen. Desgleichen existiert eine direkt der Halle zugeordnete Tiefgarage auf dem Gelände.

Für den 250. Geburtstag Goethes, an den das Kulturstadtjahr Weimars gekoppelt war, hatte man beschlossen, das 1913 errichtete und 1935 erweiterte Goethe-Nationalmuseum ebenfalls einem Umbau zu unterziehen, um die Sammlung in adäquater, zeitgemäßer Weise präsentieren zu können. Die Planung hierfür übernahmen Fischer/Fromm und Partner GbR. Äußerlich sind die völlig intakten Museumsbauten nicht verändert worden. Innen hingegen wurde ein großzügiger Eingangsbereich mit Museumsshop, Infostand und Besuchertoiletten eingebaut.
Einen zentralen Blickpunkt bildet das helle, mit Oberlicht ausgestattete Treppenhaus – es gleicht einer großen Schnecke. Die »neue« Anordnung der Bestände entspricht jetzt wieder der ursprünglichen. Im Gebäude von 1913 werden ausschließlich die Bestände aus Goethes naturwissenschaftlichen und Kunstsammlungen aufbewahrt, sowohl in Schaumagazinen wie in geschlossenen Depots und Benutzungsräumen. Selbstverständlich wurde im selben Zuge auch die gesamte Infrastruktur des Gebäudes technisch und klimatisch auf den neuesten Stand gebracht.

Ein äußerst ambitioniertes und weltweit singuläres Modell der Siedlungsbebauung hingegen wurde in den 1990er-Jahren in Weimar sowohl erdacht wie realisiert (ab 1998): das Projekt »neues bauen am horn«. 1991 fielen nach dem Abzug der sowjetischen Armee das gesamte Kasernengelände an der Leibnizallee um die Streichhankaserne, das südlich von ihr brachliegende Gebiet, ehemalige Truppenübungsplätze sowie etliche Gebäude an den Freistaat Thüringen (11 300 Hektar). Die Landesentwicklungsgesellschaft Thüringen GmbH (LEG) bestimmte aus dem Gesamtkonvolut etwa 1800 Hektar zur Durchführung von Entwicklungsmaßnahmen, zum einen zur Umwandlung dieser Flächen in Industrie- und Gewerbegebiete, zum anderen aber auch in Wohn- und Wohnmischgebiete bzw. Freizeit- und Landschaftsräume. Neben der LEG Thüringen wurden sowohl die Bauhaus-Universität Weimar wie die Stadt Weimar Planungs- und Durchführungspartner des innovativen Projekts. Daneben beteiligten sich auch das Studentenwerk Weimar, die Franz-Liszt-Musikhochschule sowie die EXPO 2000.
Die Professoren der Bauhaus-Universität hatten schon seit 1955 den Wunsch, die einst vom Staatlichen Bauhaus projektierte Bauhaus-Siedlung zu bauen. Doch immer wieder scheiterten diese Pläne. An der Schwelle zum 21. Jahrhundert sah sich der Lehrstuhl Entwerfen und Wohnungsbau der Fakultät Architektur der Bauhaus-Universität unter Ordinarius Prof. Walter Stamm-Teske erneut mit dem Thema konfrontiert und fühlte sich dazu aufgerufen, wirklich einen Schritt in das neue Wohnen des neuen Jahrhunderts zu wagen. Die Stadt Weimar wiederum half mit der Entwicklung eines Bebauungsplans für dieses komplizierte, weil mit Altlasten behaftete Areal sowie den Bewilligungen für die einzelnen neuen Objekte – und letztlich ist es gerade die Kooperationsbereitschaft und Flexibilität aller Partner, die das Projekt, das noch nicht abgeschlossen ist, vorwärts bringt.
Die Idee eines neuen Stadtquartiers in Laufnähe zur Innenstadt und dennoch an landschaftlich exponierter Stelle über dem Ilmpark, nahe dem Gartenhaus Goethes und in Korrespondenz bzw. Nachfolge zu dem erwähnten Musterhaus am Horn war eine intellektuelle und architektonische

UMBAU DES GOETHE-NATIONALMUSEUMS
› siehe Seite 54 ff., 80 ff., 116, 132

»NEUES BAUEN AM HORN«

Seite 148: Umbau des Goethe-Nationalmuseums, Treppenhaus

»neues bauen am horn«,
Beispiele

Herausforderung. Schließlich schwebten den Planern nicht Zitate vergangener Zeiten, sondern innovative Bauten vor, und alles unter der in Weimar immer akuten Prämisse der Verknüpfung mit der Natur und einer engen Anbindung an die übrige Stadt. Damit waren ökologische, soziale und ästhetische Überlegungen und Lösungen gefragt. Auch durfte das fast durchgängig in Weimar beachtete Prinzip einer schlichten, an klassischen Maßstäben orientierten Architektur seit dem Barock keineswegs aufgegeben werden. Die neuen Bauten sollten den Besiedlungscharakter der Quartiere jenseits der Ilm auch nicht sprengen, sodass an ein unregelmäßiges Schema gedacht wurde, das gleichwohl sehr genau definierten Regeln folgen sollte – eine Grammatik des Bauens wurde entwickelt. Drei Architekturbüros wurden in einem längeren Verfahren ausgewählt, den Entwurf für die Planungsziele gemeinsam abzugeben: Diener & Diener (Basel), Luigi Snozzi (Locarno) und Adolf Krischanitz (Wien). Hierbei fielen Diener & Diener und Luigi Snozzi die Sanierung und stadträumliche Einbindung der ehemaligen Streichhankaserne zu, was zur Anlage einer Geländeterrasse mit Turmhaus führte. Die Kaserne wird jetzt von der Musikhochschule ideal genutzt. Krischanitz schlug für den südlichen Bereich eine parzellierte Bebauungsfläche vor. Seine »Grammatik« geht von Parzellen unterschiedlicher Größe aus, die nebeneinander liegen und sich in der Bebauungsdichte jeweils unterscheiden. Die Höhe wurde bei allen Häusern auf zwei, gelegentlich drei Geschosse festgelegt. Auf diese Weise sollte auch eine soziale Durchmischung der einzelnen Bauherren erreicht werden. Dieses Ziel konnte allerdings bislang nicht verwirklicht werden – man spricht von der »Architektensiedlung«, da vielfach die Hochschullehrer der Bauhaus-Universität

Bibliothek »Limona«
und neues Gebäude
der Bauhaus-Universität an
der Steubenstraße

hier als Planer und Bewohner ihrer Häuser eingetreten sind. Ebenfalls festgelegt wurde, dass die gewählten Baukörper immer eine kompakte kubische Form und ein Flachdach mit Attika erhalten sollten. Auch Gebäudeteile sollen in das Gesamtvolumen integriert sein, um so an- und aufgesetzte Bauteile zu vermeiden und dadurch bei allen entstehenden Häusern eine Ähnlichkeit herzustellen, die den Siedlungscharakter unterstreicht. Unterschiedlichkeit ist zugelassen: über die Abwechslung offener und geschlossener Bauweise, über die farbliche Gestaltung der Gebäude, die Größe der Parzellen, ihre Lage am Hang und natürlich die Details, Fenster, Türen usw. Neben den Bauherrenhäusern entstanden auch neun Musterplanungen durch neun europaweit namhafte Architekturbüros. Hier sollten – ohne die Vorgaben eines Bauherrn – angemessene Wohnkonzepte für diesen Ort vorgestellt werden. Diese Häuser sind bislang jedoch noch nicht realisiert worden.

Wichtig für das hier gewählte Vorgehen ist die Berufung eines Baurates, eines beratenden Gremiums, das alle acht Wochen tagt und die eingereichten Entwürfe prüft, mit Architekt und Bauherrn bespricht, gegebenenfalls hilft, Modifikationen zu finden, wenn vorgegebene Regeln der »Grammatik« nicht eingehalten wurden. Insgesamt wird hier ein sehr prozesshaftes Herangehen an die Umsetzung der jeweiligen Bauideen geübt.

Die Einheit in der Vielfalt ist das Motto dieser besonderen Siedlung und die gewählten Positionen reichen von den äußerst streng und schwer wirkenden schwarzen Würfeln, die Max Dudler für die Gunta-Stölzl-Str. 1 konzipierte, bis zu dem luftigen Entwurf von Karl-Heinz Schmitz, der fast nur aus Fenstern und Balkonen zu bestehen scheint. Dem Siedlungscharakter am nächsten gekommen scheint bei gleichzeitiger individueller Reaumaufteilung das Quartett der Häuser von Walter Stamm-Teske in der Gunta-Stölzl-Str. 3/3b und 1a/Albrecht Dürer Str. 14c.

DIE PRÄSENZ-BIBLIOTHEK
DER BAUHAUS-UNIVERSITÄT
(»LIMONA«)

In den Jahren 1994/95 erfolgte in der zentralen Steubenstraße 8 in Zusammenarbeit von Horst Siegel als Architekt, Sylvelin Rudolf für die Bibliothek, Joachim Huber für die Studios und Werkstätten, Torsten Brecht und Bernd Rudolf für Ausstellungen zunächst der Umbau des ehemals dort ansässigen städtischen Malzhauses, in dem nach dem Zweiten Weltkrieg die DDR-Cola-Variante »Limona« hergestellt wurde. Es entstand eine Präsenz-Bibliothek der Fakultäten Architektur und Gestaltung der Bauhaus-Universität (EG bis 2. OG), während in den obersten beiden Geschossen Labor- und Werkstatträume um ein zweigeschossiges Fotostudio gruppiert wurden. Die Sanierung des historischen, mit Lisenen gegliederten Klinkerbaus schloss die Aufsetzung einer verglasten Dachlaterne mit ein, die einen Tagungsraum beherbergt. Das leicht auskragende Flugdach besteht aus Edelstahlblechen. Der schützenswerte hölzerne Dachstuhl regte zum Entwurf eines »materialpoetischen Konzepts von Raumboxen« an, die den neuen Funktionen des Fotoloabors zugeordnet werden konnten.

Die Nutzung des Limona-Gebäudes war für die Bauhaus-Universität der Aufbruch in die Altstadt, in das Herz Weimars, der sich durch die anschließenden Maßnahmen bis heute fortsetzt. Auf dem Areal befinden sich an der Brauhausstraße auch das Konrad-Zuse-Rechenzentrum (offiziell: Servicezentrum für Computersysteme und -kommunikation) sowie Teile der Fakultät Medien und ein hypermodernes Medienstudio – dies alles in einem ehemaligen Maschinenhaus von 1880 in Backsteinbauweise, doch nur die Fassade zur Brauhausgasse lässt an ein altes Gebäude denken.

DER NEUBAU DES HAUPTGE-
BÄUDES DER BIBLIOTHEK
DER BAUHAUS-UNIVERSITÄT

Mit der Einweihung des neuen Universitäts-Bibliotheksbaus 2005 verbunden ist eine Konzentrierung der bislang auf eine Hauptstelle und fünf Zweigbibliotheken verteilten Bestände. Nur noch Einzelbestände verbleiben an ihren bisherigen Standorten. Schon 1991 war der Münchner Architekt

Innenraum der
Bibliothek »Limona«

Prof. Andreas Meck in einem städtebaulichen Ideenwettbewerb als Sieger hervorgegangen. Die Hochschulnutzung wurde jedoch erst 1994 beschlossen: Es sollte ein fünfgeschossiges Hauptgebäude der Bibliothek mit großer Freihandzone, Lesebereichen, Carrels, Multimedia- und Schulungsraum, PC-Pool, unterirdischen Magazinen und Technikbereichen und einem in das Gebäude integrierten Auditorium Maximum der Universität sowie Verwaltungsräumen der Bibliothek entstehen. In die konkrete Planungsphase trat das Projekt 1998 ein, 2002 war Baubeginn. Der Bauplatz, das östliche Grundstück der Steubenstraße neben der Limona, das seit 1945 teilweise offen geblieben war, greift weit nach Norden in Richtung Brauhausstraße aus. Es liegt in unmittelbarer Nähe zum historischen Zentrum Weimars, dem Frauenplan. Daher war die Forderung auch, wie so oft in Weimar, den Bezug zur historischen Bebauung herzustellen. Der realisierte Entwurf ist von ungewöhnlicher Eindringlichkeit. Mit einer äußerst auffallenden, schräg in die Steubenstraße auskragenden grauen Steinfassade besticht das Gebäude beim Näherkommen durch seine Großzügigkeit und konzeptionelle Stringenz. Das »Ausbrechen« ist gewollt, handelt es sich doch gleichzeitig um ein »besonderes« kulturell genutztes Gebäude abseits von Wohn- oder Geschäftszwecken. Gleichzeitig nimmt das Bauwerk auch in vielen Details und der Materialverwendung Bezug auf die historische Bausubstanz in seiner Umgebung. Das, was man vor sich sieht, wenn man den innerstädtischen Campus betritt, der jetzt zwischen Limona und dem neuen Gebäude entstand und von allen vier Himmelsrichtungen fußläufig zu erschließen ist, entspricht dem Bild eines überdimensionalen Bücherregals. Die Bibliothek erscheint wie ein großer Rahmen, in den über die Geschosse die Regalreihen eingestellt

sind wie die Bücher in die Regalböden. Man sieht viel Glas und Holz. Auf diese Weise suchte man auch den Vergleich zum neuen Studienzentrum der Herzogin Anna Amalia Bibliothek. In Analogie zu den historischen Fassaden, bei denen die Balken unter der Putzhaut lesbar sind, spiegelt die sichtbare Betonstruktur das Konstruktionsprinzip des neuen Gebäudes wider.

Eine äußerst transparente Bibliothek präsentiert sich ihren Benutzern. Im östlichen Schenkel sind die Verwaltungsräume untergebracht, zwischen den Flügeln erstreckt sich Grünraum auch nach Norden, den die Studenten sich sicher bald erobern werden. Die Limona und der neue Bau sind unterirdisch miteinander verbunden, im »Untergeschoss« befindet sich auch das Magazin mit etwa 285 000 Bänden – 280 000 Bände werden hingegen in Freihandaufstellung zugänglich sein. Natürlich wächst auch die Zahl der computerisierten Arbeitsplätze auf ein Drittel von 240 möglichen Arbeitsplätzen – was deutlich verbesserte Bedingungen für Studenten und Forschende bedeutet. Insgesamt vier Eingänge erschließen die Gebäude, die auch in Korrespondenz treten zum nördlich anschließenden universitären Konrad-Zuse-Rechen-und-Medien-Zentrum.

Auch weitere neue Bauten, die von der Bauhaus-Universität geplant wurden, sind in den letzten Jahren entstanden oder entstehen. Speziell am Standort Coudraystraße 13 a wurde 2003 ein Lehr- und Laborgebäude auf Stelzen durch K. + H. Architekten und Stadtplaner (Stuttgart) fertig gestellt, in der Coudraystraße 9 wird derzeit durch Gildehaus und Reich (Weimar) die Material-Forschungs- und Prüfanstalt errichtet, ein so genanntes An-Institut der Universität, das durch zwei Professuren mit genutzt wird.

Untergeschoss im »Kubus« des
neuen Studienzentrums
der Herzogin Anna Amalia
Bibliothek

Am 4. Februar 2005 wurde das neue Studienzentrum der Herzogin Anna Amalia Bibliothek nach
fünfjähriger Planungs- und Bauzeit eingeweiht. Einbezogen sind die beiden historischen Gebäude
des Roten und Gelben Schlosses, die zuletzt von Büros der Stadtverwaltung genutzt wurden. Durch
die Unterquerung des Platzes der Demokratie bis hin zum Stammgebäude, dem Grünen Schlösschen, ist die Idee der »einen« Bibliothek verwirklicht worden. Unterirdisch bietet ein riesiges zweigeschossiges Tiefmagazin Platz für eine Million Druckschriften und sonstige Medien. Als For-
schungsbibliothek hohen Ranges bearbeitet sie vor allem die Zeit zwischen 1750 und 1850.

DAS NEUE STUDIENZEN-
TRUM DER HERZOGIN ANNA
AMALIA BIBLIOTHEK

› siehe Seite 22 f., 34 f., 91

Erneut ging es hier um einen Neubau unter Einbeziehung historischer, denkmalgeschützter Bausubstanz. Dies bedeutete für die beiden Architekten Hildegard Barz-Malfatti und Karl-Heinz Schmitz die Errichtung angepasster Neubauten in, um das und unter den alten Gebäuden. Den zunächst favorisierten Gedanken, den Hof des Roten und Gelben Schlosses als »Klosterinnenhof« zu gestalten und die Benutzeranmeldung und Ausleihstelle entsprechend in den Untergrund zu verlegen, haben letztlich die Bibliothekare mit ihren Argumenten zu Fall gebracht. Es entstand in einem zweiten Nachdenken die glückliche Idee von dem in den Innenhof eingesetzten Bücherkubus mit seinen 16 verglasten Oberlichtern. Außen mit Sichtbeton verkleidet, innen mit edlen Holzwänden und -regalen bestückt, ist diese dreigeschossige würfelförmige Büchergalerie das moderne Gegenstück zum Rokokosaal. Entstanden ist ein großzügiger Raum mit konzentrierter, ruhiger Atmosphäre.

Mit der Sanierung des durch den Brand im September 2004 stark beeinträchtigten Stammhauses der Bibliothek und der Wiederherstellung des berühmten Rokokosaals im Herbst 2007 kommt das Bauprojekt der Herzogin Anna Amalia Bibliothek zum Abschluss – das Stammgebäude wird dann das Zentrum für das alte Buch, aber auch Domizil der Restaurierungs- und Buchkonservierungswerkstatt sein.

Mit der Betrachtung und Beschreibung dieser neuesten Bibliotheksgebäude schließt das Buch über die bedeutendsten Bauten Weimars seit dem Mittelalter. Es konnte gezeigt werden, dass das, was als faszinierender Charme Weimars vom Besucher dieser Stadt empfunden wird, auch Ausdruck der homogen wirkenden Architektur über die Epochen hinweg ist. In dieser Stadt glaubt man nach wie vor, dass es darum geht, eine gewisse Einheitlichkeit zu bewahren, und dies hat mit den vielen geschichtlichen und kulturellen Ereignissen zu tun, die diese Stadt prägten. Weimar als eine Stadt der verdichteten geschichtlichen Erfahrung der Deutschen muss, so sehen es auch heutige Architekten, mit seinen neuen Bauten den Dialog zum Vorhandenen aufnehmen. Dies kann in vielen erwähnten Beispielen als gelungen gelten. Weimar hat sich in vielen Stationen seines Werdens auch als eine Stadt präsentiert, in der die Theorie der Architektur zuweilen eine größere Rolle spielte als die Praxis, dies gilt in besonderem Maße für die Zeit des Weimarer Bauhauses. Der Zuschnitt Weimars als einer kleinen Residenz, einer Stadt, die auch heute nur mittlere Größe hat, erlaubte von vornherein nicht die Errichtung von überdimensionierten Bauten oder luxuriösen Anlagen. Hier bildet aus den erwähnten historischen Gründen lediglich die Anlage des Gauforums eine entscheidende Ausnahme, mit der diese Stadt in konstruktiver Auseinandersetzung gelernt hat zu leben.

Seite 154: Neues Studienzentrum, »Kubus«, der Herzogin Anna Amalia Bibliothek

Museen und Sehenswürdigkeiten

1 Rathaus
2 Cranachhaus
3 Stadtschloss (Residenzschloss)
4 Fürstenhaus (Hochschule für Musik »Franz Liszt«)
5 Herzogin Anna Amalia Bibliothek (früher: Grünes Schlösschen)
6 Rotes Schloss
7 Gelbes Schloss
8 Haus der Frau von Stein
9 Goethes Gartenhaus
10 Liszthaus
11 Henry-van-de-Velde-Bau (Bauhaus-Universität)
12 Fürstengruft auf dem Historischen Friedhof und Russisch-orthodoxe Kapelle
13 Hotel Elephant
14 Museum für Ur-und Frühgeschichte
15 Goethes Wohnhaus und Goethe-Nationalmuseum
16 Schillerhaus
17 Wittumspalais
18 Deutsches Nationaltheater und Goethe-Schiller-Denkmal
19 Bauhaus-Museum
20 Stadtkirche St. Peter und Paul (Herderkirche)
21 Kirms-Krackow-Haus
22 Römisches Haus
23 Stadtmuseum im Bertuchhaus
24 Neues Museum Weimar
25 congress centrum neue weimarhalle

26 Goethe-und Schiller-Archiv
27 Herz-Jesu-Kirche
28 Jakobskirchhof
29 Nietzsche-Archiv
30 Kunsthalle »Harry Graf Kessler« am Goetheplatz
31 Haus »Am Horn«
32 Kirche Oberweimar
33 Kasseturm
34 Franziskanerkloster
35 Sächsischer Hof
36 Deutschritterhaus
37 Schloss Ettersburg
38 Schloss Tiefurt
39 Schloss Belvedere
40 Altes Gymnasium
41 Palais von Schardt
42 Erholung / mon ami
43 Lesemuseum
44 Jägerhaus
45 Musäushaus
46 Reithaus
47 Altenburg
48 Bürgerschule
49 Villa Ithaka
50 Haus Hohe Pappeln
51 KZ Buchenwald
52 Gauforum
53 EJBW
54 neues bauen am horn
55 Neue Bibliothek der Bauhaus-Universität

Literaturverzeichnis

Architektur im Spannungsfeld zwischen Klassizismus und Romantik. (Wiss. Zeitschrift, Heft 2/3, 1996). Hrsg. von der Bauhaus-Universität Weimar.

Arnhold, Ingrid; Bärwinkel, Roland u. a.: Herzogin Anna Amalia Bibliothek – Kulturgeschichte einer Sammlung. München. Wien, 1999.

Bauen Wohnen Denken. Martin Heidegger inspiriert Künstler. Hrsg. von Hans Wielens. Münster, 1994.

Binding, Günther: Architektonische Formenlehre. Darmstadt, 1998.

Binding, Günther: Meister der Baukunst – Geschichte des Architekten- und Ingenieurberufes. Darmstadt, 2004.

Borrmann, Norbert: Paul Schultze-Naumburg. Essen, 1989.

Bothe, Rolf: Das Weimarer Residenzschloss vom Mittelalter bis zum Anfang des 19. Jahrhunderts. Ostfildern-Ruit, 2000.

Der Klassizismus in der Baugeschichte Weimars. Hrsg. von Alfred Jericke und Dolgner, Dieter: Weimar, 1975.

Dolgner, Dieter: Die Architektur der Goethezeit in Weimar. Weimar, 1999.

Ewald, Rainer: Goethes Architektur: des Poeten Theorie und Praxis. Weimar, 1999.

Fink, Fritz: Alt-Weimar. Weimar, 1932.

Fink, Fritz: Der Frauenplan. Weimar, 1931.

Fink, Fritz: Der Friedhof. Weimar, 1933.

Fink, Fritz: Der Graben. Weimar, 1933.

Fritz Fink: Der Herderplatz. Weimar, 1931.

Fink, Fritz: Das Jakobsviertel. Weimar, 1931.

Fink, Fritz: Die Stadtbefestigung. Weimar, 1932.

Fink, Fritz: Das Stadtbild Weimars im Wandel der Zeit. Weimar, 1931.

Goethe in Weimar. Hrsg. von Karl-Heinz Hahn. 2. Aufl., Leipzig, 1991.

Günther, Gitta; Wallraf, Lothar: Geschichte der Stadt Weimar. Weimar, 1976.

Hecht, Christian: Der Westflügel des Weimarer Residenzschlosses – Architektur und Ausstattung. Ostfildern-Ruit, 2000.

Klassikerstadt und Nationalsozialismus – Kultur und Politik in Weimar 1933 bis 1945. Weimarer Schriften, Heft 56/2002. Hrsg. von Justus H. Ulbricht.

Korrek, Norbert: Das Gauforum in Weimar: ein Erbe des Dritten Reiches. Weimar, 2001.

Kultur Stadt Bauen – eine architektonische Wanderung durch Weimar, Kulturstadt Europas 1999. Hrsg. von Gerd Zimmermann und Jörg Brauns. Weimar, 1999.

Mende, Bernd: Coudrays Bauten in Weimar. Weimar, 1995.

Messner, Paul: Bauten und Denkmäler in Weimar. Weimar, 1981.

Neues Museum mit Sammlung Maenz. Internationale Avantgarde seit 1960. Hrsg. von Rolf Bothe. Stuttgart, 1998.

Neues Museum Weimar. Geschichte und Ausblick. Hrsg. von Rolf Bothe. München; Berlin; Kunstsammlungen Weimar, 1997.

Palladio – Werk und Wirkung. Hrsg. von Erik Forssman. Freiburg, 1997.

Park um Weimar. Hrsg. von Wolfgang Huschke und Wolfgang Vulpius. Weimar, 1958.

Pevsner, Nikolaus: Europäische Architektur von den Anfängen bis zur Gegenwart. München, 1957.

Raabe, Paul: Spaziergänge durch Goethes Weimar. 7. Auf., Zürich; Hamburg, 1998.

Rössner, Alf: Weimar um 1900: Stadtbild und genius loci. Weimar, 1999.

Rudolf, Sylvelin: Zehn Jahre Limona. In: der bogen 1 (Journal der Bauhaus-Universität), 2005, S. 12f.

Ryczynski, Witold: Das vollkommene Haus. Berlin, 2004.

Scheffler, Karl: Die fetten und die mageren Jahre: Ein Arbeits- und Lebensbericht. 2. Aufl., München; Leipzig, 1948.

Schmid, Eva: Die Stadtkirche zu St. Peter und Paul. 2. Aufl., Berlin, 1983.

Schmidt, Werner: Hier wohnte … Weimarer Chronik von Lucas Cranach bis Louis Fürnberg. Weimar, 1976.

Schwarz, Alberto: Weimar. Leipzig, 1993.

Siegfried, Seifert: Weimar – Führer durch eine europäische Kulturstadt. 3. Aufl., Leipzig, 2002.

Simon-Ritz, Frank: Im Herzen der Universität – der Bibliotheksneubau der Bauhaus-Universität Weimar. In: Bibliothek – Forschung und Praxis, 27/2003, Heft 1/2, S. 122–124.

Seemann, Annette: Weimar – ein Reisebegleiter. Frankfurt am Main, Leipzig, 2004.

Stein, Harry: KZ Buchenwald 1937 bis 1945. Göttingen, 1999.

Tomaszewski, Andrzej: Über die sogenannte faschistische Architektur. In: Vom Umgang mit den baulichen Relikten des Faschismus, Heft 1/1994. Hrsg. von der Hochschule für Architektur und Bauwesen Weimar.

Uhlig, Lars-Christian; Stamm-Teske, Walter: neues bauen am horn – Eine Mustersiedlung in Weimar. Weimar, 2005.

van de Velde, Henry: Geschichte meines Lebens. München, 1962.

van de Velde, Henry: Zum neuen Stil. München, 1955.

Weimar – Lexikon zur Stadtgeschichte. Hrsg. von Gitta Günther, Wolfram Huschke und Walter Steiner. Weimar, 1998.

Weimer, Christoph: Luther, Cranach und die Bilder. Stuttgart, 1999.

Wieler Ulrich: Architekturführer Thüringen: vom Bauhaus bis zum Jahr 2000. 2. Aufl., Weimar, 2001.

Wingler, Hans M.: Walter Gropius. Die neue Architektur und das Bauhaus. Berlin, 2003.

Winkler, Klaus-Jürgen; Oschmann, Gerhard: Das Gropius-Zimmer. Weimar, 1999.

Winkler, Klaus-Jürgen: Baulehre und Entwerfen am Bauhaus (1919–1933). Weimar, 2003.

Winkler, Klaus-Jürgen: Moderne in Weimar 1919–1939: Bauhaus, Bauhochschule, Neues Bauen. Weimar, 1995.

Wolf, Christiane: Das Gauforum als typische Bauaufgabe nationalsozialistischer Architektur – Überlegungen zu früheren Planungen. In: Vergegenständlichte Erinnerung. Perspektiven einer janusköpfigen Stadt. Hrsg. von Reiner Bensch und Marita Fein. Weimar, 1996.